河南大学
馆藏珍品集

主　编
王守中

副主编
王学春　李　韬　朱腾云　吴爱琴

河南大学出版社
HENAN UNIVERSITY PRESS
·郑州·

图书在版编目（CIP）数据

河南大学馆藏珍品集 / 王守中主编 . -- 郑州 ：河南大学出版社，2022.7
 ISBN 978-7-5649-5235-8

Ⅰ . ①河… Ⅱ . ①王… Ⅲ . ①河南大学－藏品 Ⅳ . ① G649.286.13 ② G262.9

中国版本图书馆 CIP 数据核字（2022）第 131995 号

责任编辑　纪庆芳
责任校对　王　慧
封面设计　马　龙

出版发行　河南大学出版社
　地　　址　郑州市郑东新区商务外环中华大厦 2401 号
　邮　　编　450046
　电　　话　0371－86059701（营销部）
　网　　址　hupress.henu.edu.cn
排　　版　河南大学出版社设计排版部
印　　刷　河南博雅彩印有限公司
版　　次　2022 年 8 月第 1 版
印　　次　2022 年 8 月第 1 次印刷
开　　本　889 mm×1194 mm　1/12
印　　张　15.5
字　　数　187 千字
定　　价　268.00 元

版权所有 • 侵权必究
本书如有印装质量问题，请与河南大学出版社营销部联系调换。

序 言

许绍康

民国肇基，河大创始。110 年来，河南大学恪守"明德新民、止于至善"的校训，经历代学人薪火相传，逐步形成了"团结、勤奋、严谨、朴实"的优良校风和以"百折不挠、自强不息"为核心的办学精神，至今已经发展成为一所学科门类齐全、专业特色鲜明、文化底蕴深厚、科研创新不断推进的国家"双一流"建设高校。

作为一所大学，我校一直致力于教育报国、立德树人，推进科学进步与社会发展。110 年来，产生了一大批知名学者，如范文澜、冯友兰、董作宾、罗章龙、郭绍虞、萧一山、樊映川、毛礼锐、姜亮夫、李先闻、任访秋、党鸿辛、王家耀等。各位名师立德立言，桃李天下，不仅在各自的领域成果卓著，为科技创新、文化进步、社会发展做出了巨大贡献，也为国家社会培养了各类人才近 90 万。我校毕业生英才荟萃，彬彬济济。其中如侯镜如、袁宝华、王国权、赵毅敏、尹达、邓拓、白寿彝、杨廷宝、高济宇、姚雪垠、周而复、吴强、马可、赵九章、梁光烈、张锁江、王立群等，为国家民族贡献良多，不少人亦成为蜚声中外的社会名家。

1912 年河南大学成立时，初名"留学欧美预备学校"，其正是以开放进步之意识、教育救国之胸怀而成立。后历经校名更易，数历中州大学、河南中山大学、河南大学、国立河南大学、河南师范学院、开封师范学院、河南师范大学、河南大学，但其初心使命始终不变。桃李不言，下自成蹊，人文育化，积微成著。河南大学 110 年来，在校训校风引领下，积累了丰富的文化宝库。

文化传承与创新是大学的重要社会使命之一，是科技第一生产力和人才第一资源的结合点。大学不仅要用先进的文化培养人，也应该兼容并蓄，并以其所蕴含的文化底蕴、人文精神、科学精神和创新精神引领社会，对社会文化起到积极的导向作用。历经 110

年的积淀和传承，河南大学文化底蕴深厚，可是其积淀多以无形方式存在，需要我辈加以梳理和拣择，规范和归整，从而将无形化归为有形，并发挥文化宝库应有的作用。本书从我校珍藏的档案、名人名家书画作品、古代典籍、珍贵文物中筛选出168件，进行资料整理并出版，既有益于我校的文化育人工作，也有助于我校在文化传承创新中发挥独具特色的作用。

档案是学校在教学、科研、管理、生活服务等各项活动中直接形成的具有保存价值的原始记录，是记忆的直观表达和有力佐证，也是文化储备的一种形式。因为档案具有原始性、唯一性和继承性，它能将学校的文化精髓具体化、实体化，连接过去，承接现在，沟通未来，有"文化财富""知识宝藏""历史舟车"之美誉。

书画作品凭借其直观性、感召力、审美性为广大人民群众所喜闻乐见，对我国的文化事业发展有着独特的价值。书画作品中展现的是思想、情感和哲学，而且书画作品中还包含有对社会现实问题的思考及人类对自身价值的探索。优秀的书画作品作为一个时代的文化载体，把文化的血脉糅合进人的心灵，提升人的境界，具有培根铸魂、凝聚精神力量的重要作用。

图书是文化传承、知识传播的具体载体。中国文化源远流长，从古至今流传下来的典籍浩如烟海，其中一些经过历代先哲筛选出来的精品，更是中国优秀文化发展的结晶。这些精品典籍对促进文化建设和文化繁荣，能够提供良好的载体支撑和有益的精神支持。

文物不仅反映了它产生年代的科学技术水平，而且从不同侧面反映了当时社会的政治、经济、军事、文化状况，是具有历史、艺术和科学价值的历史遗存，承载着丰富的文化内涵，在弘扬传统文化中具有不可替代的作用。

习总书记曾指出：办大学，最重要的是人们心中的声誉，是自己的底蕴，是自己的积累，这是需要长期积淀之后在人们心中形成的。文化是国家软实力的基础，希望我们以此工作为始，不断挖掘我校文化宝藏中的精品，彰显我校文化特色，践行文化育人的使命，助力社会主义精神文明建设。

是为序。

（作者为河南大学副校长）

目　录

兰台遗珍 ………………………………… 1

丹青溢彩 ………………………………… 51

册府英华 ………………………………… 99

瑰宝荟萃 ………………………………… 139

兰台遗珍

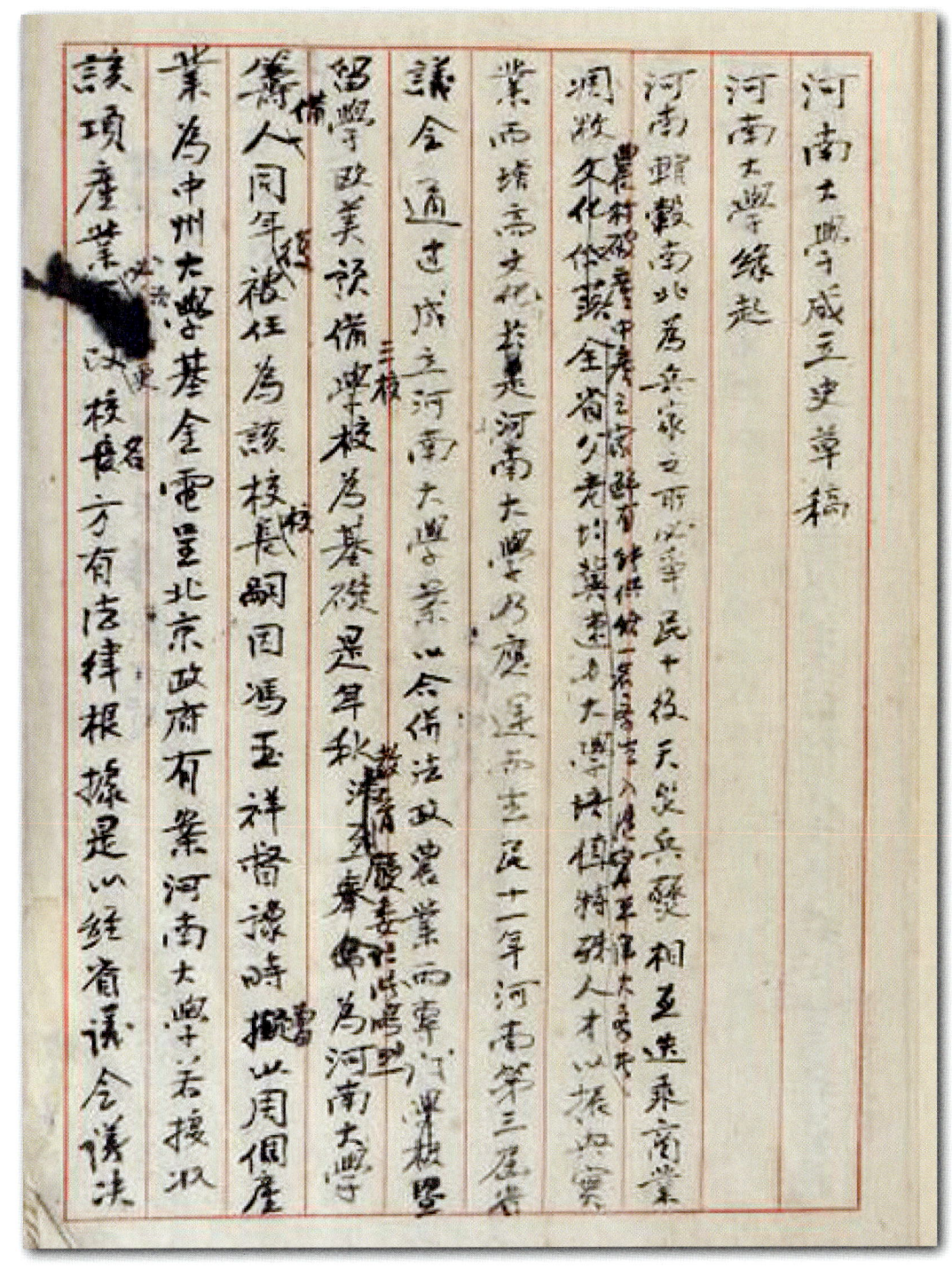

前校长张鸿烈手迹

张鸿烈（1886—1962），字幼山，河南固始人。1918年获美国伊利诺斯大学政治教育硕士学位。1919年8月至1927年12月先后担任河南留学欧美预备学校、中州大学、河南中山大学校长。在河南大学从"预校"到"大学"的发展历程中，做出了贡献。曾兼任河南省教育厅厅长、省政府秘书长，后任山东省政府委员兼建设厅厅长，河南省临时参议会副议长。此为张校长《河南大学成立史草稿》手迹，保留至今，弥显珍贵。

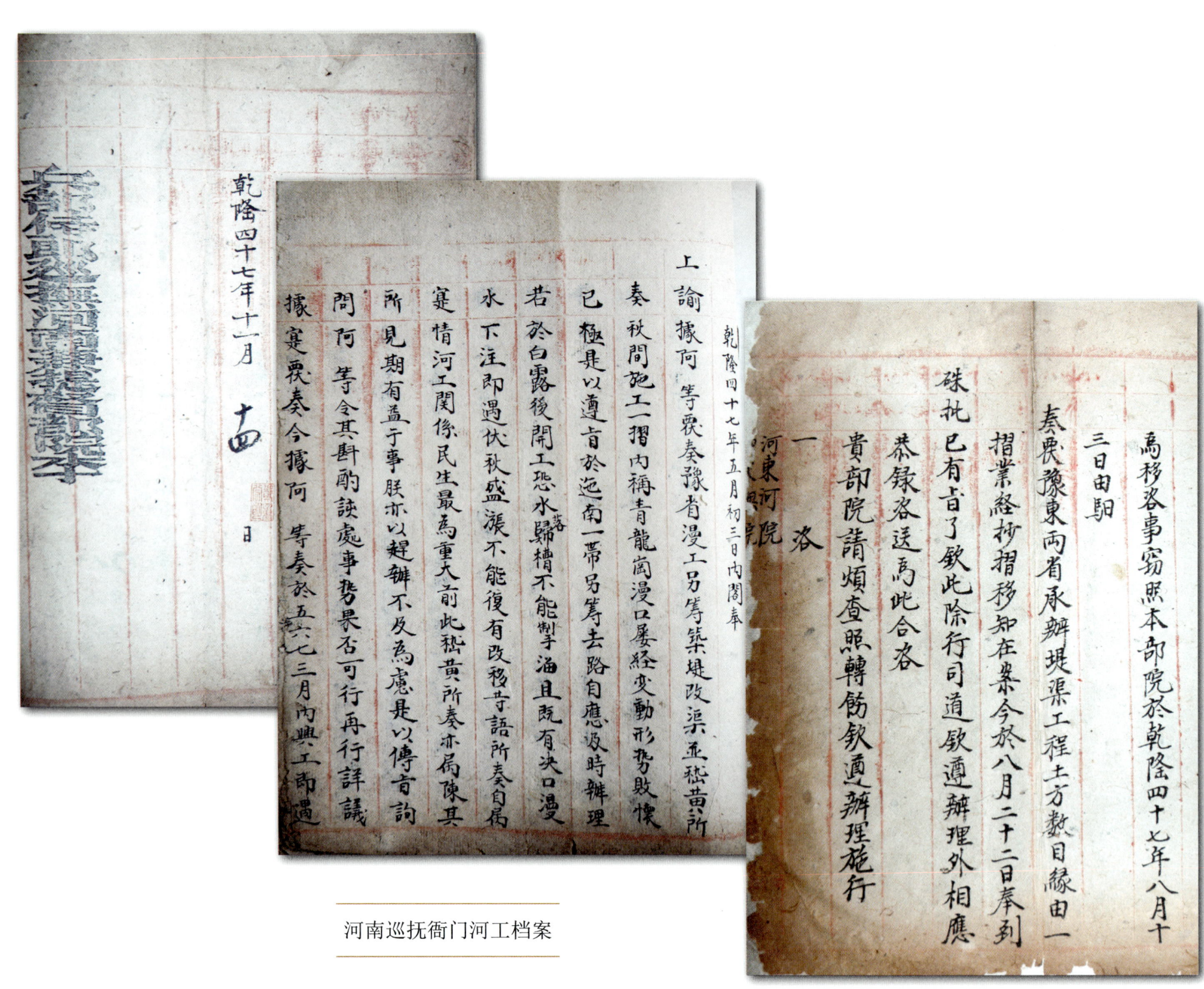

河南巡抚衙门河工档案

　　河南巡抚衙门河工档案，清乾隆写本，一册。半叶十行，行十七至二十六字不等。白口，四周双边。版框高二十六点五厘米，宽二十二点三厘米。

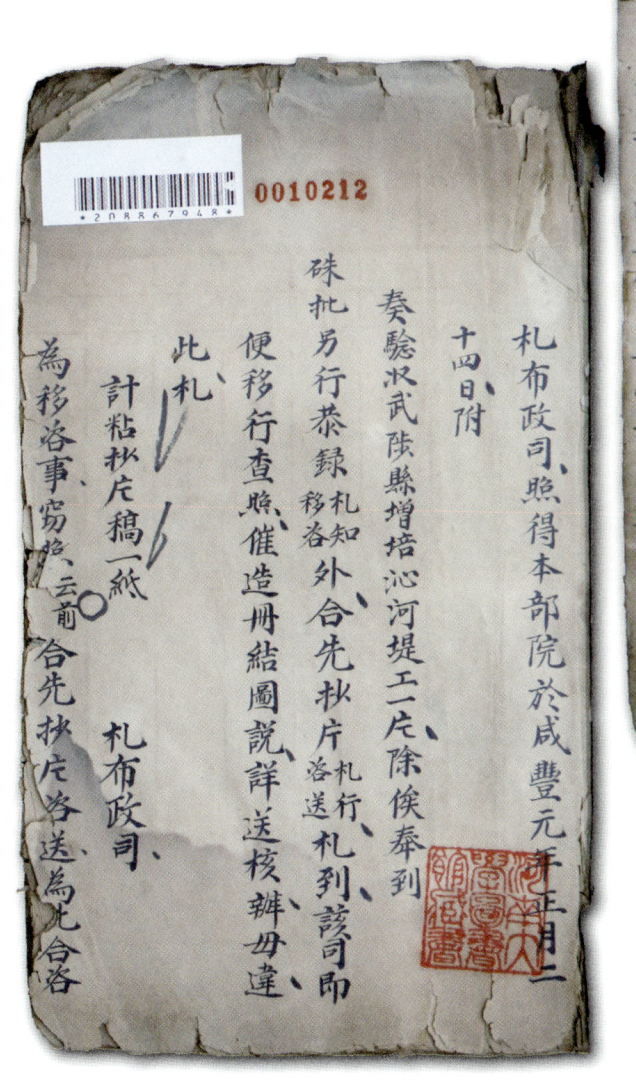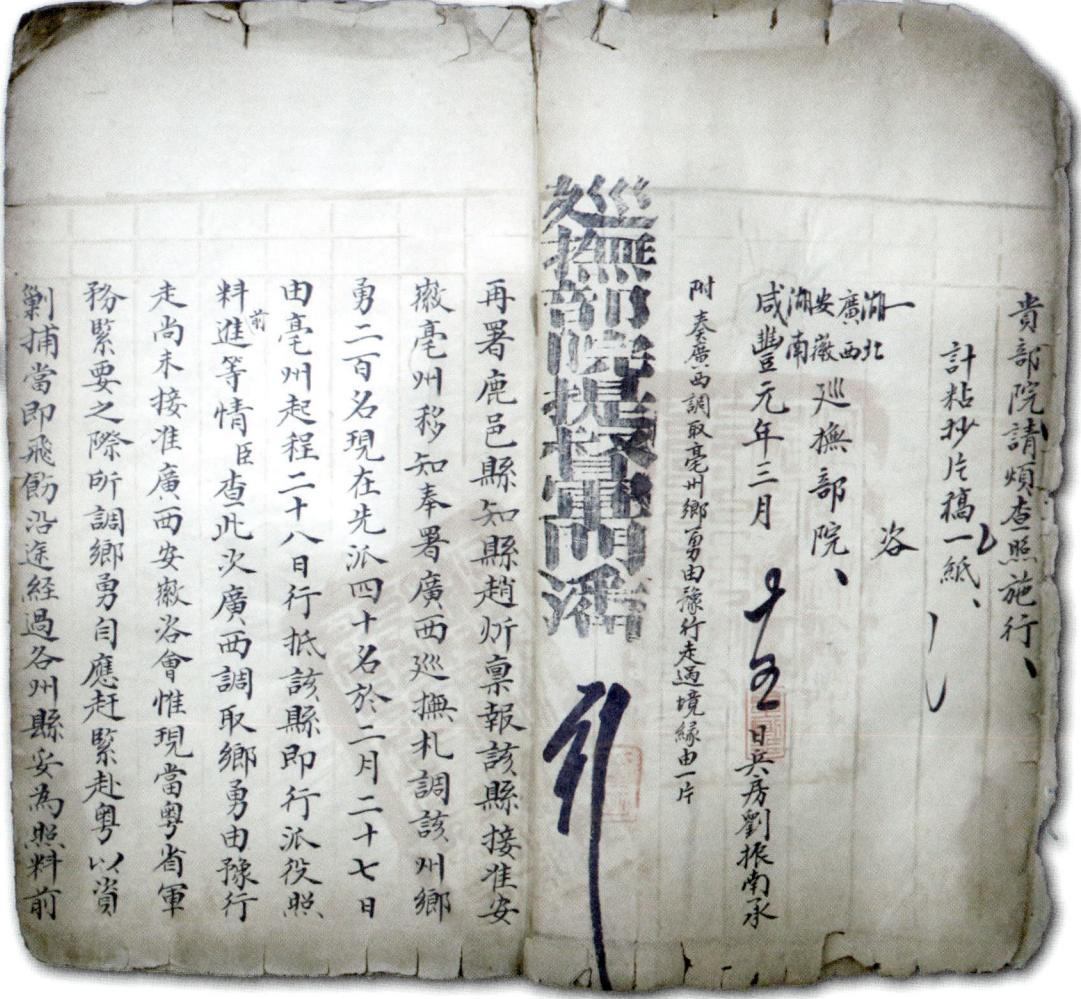

河南巡抚衙门军政档案

　　河南巡抚衙门军政档案不分卷，清咸丰同治稿本，十六册。版框高二十四点三厘米，宽十五点六厘米。半叶八行，行十八字至二十四字不等。白口，红色间蓝色公文格纸。

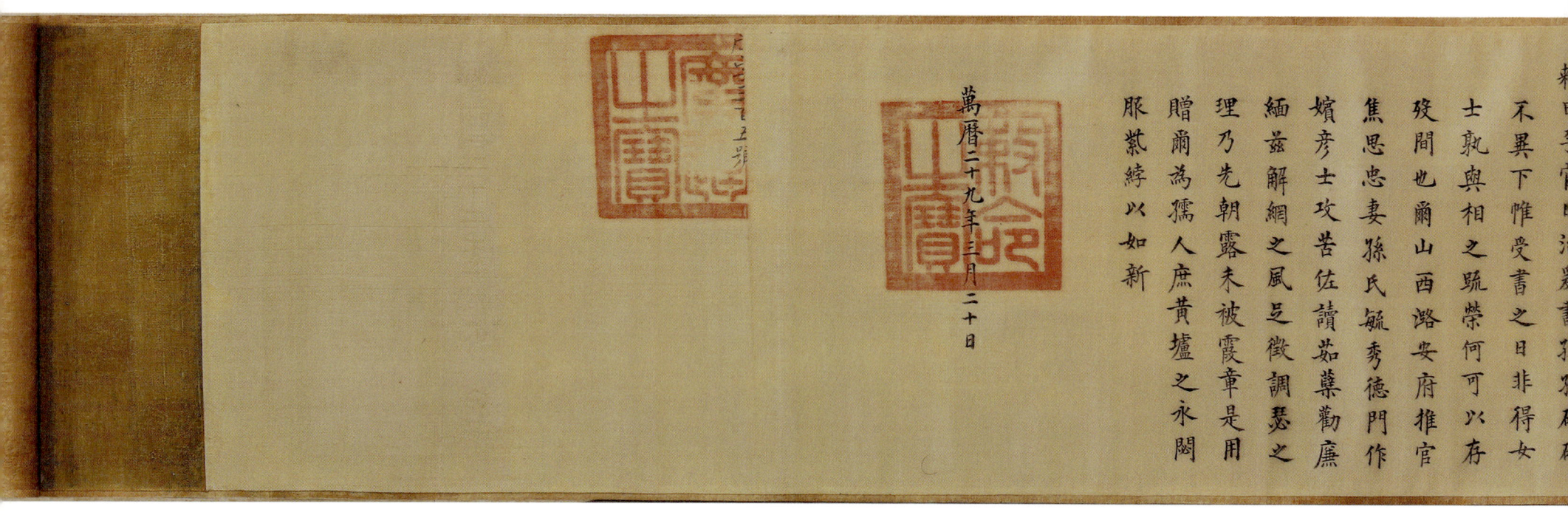

明万历圣旨
长 205 cm 宽 30 cm

奉
天承運
皇帝勅曰朕惠念元元惟獄情最為清雜況晉地惟上黨憑阻山谷奸宄萌生非良折獄何以得情而無寃也爾山西潞安府推官焦思忠才猷練達標格清真擢自鄉闈理茲重郡而能執法不阿師聽明允三尺凜神君之稱六察擅人倫之鑒積茲歲閱薦剡之推交公車矣是用授爾階文林郎錫之勅命方詔所司察舉吏治有能宣暢德意以稱欽恤之旨者且擢拔不次以風天下爾其益懋乃心朕亦無忘爾之嘉績

万历二十九年（1601年），万历皇帝封时任潞安府推官的乡进士（举人）焦思忠为文林郎、其原配孙氏为孺人的敕命。诏书右首空白部分暗绣两条龙纹，中有篆书"奉天敕命"四字。正文楷体，共三十行。

清康熙圣旨
长 207 cm 宽 35 cm

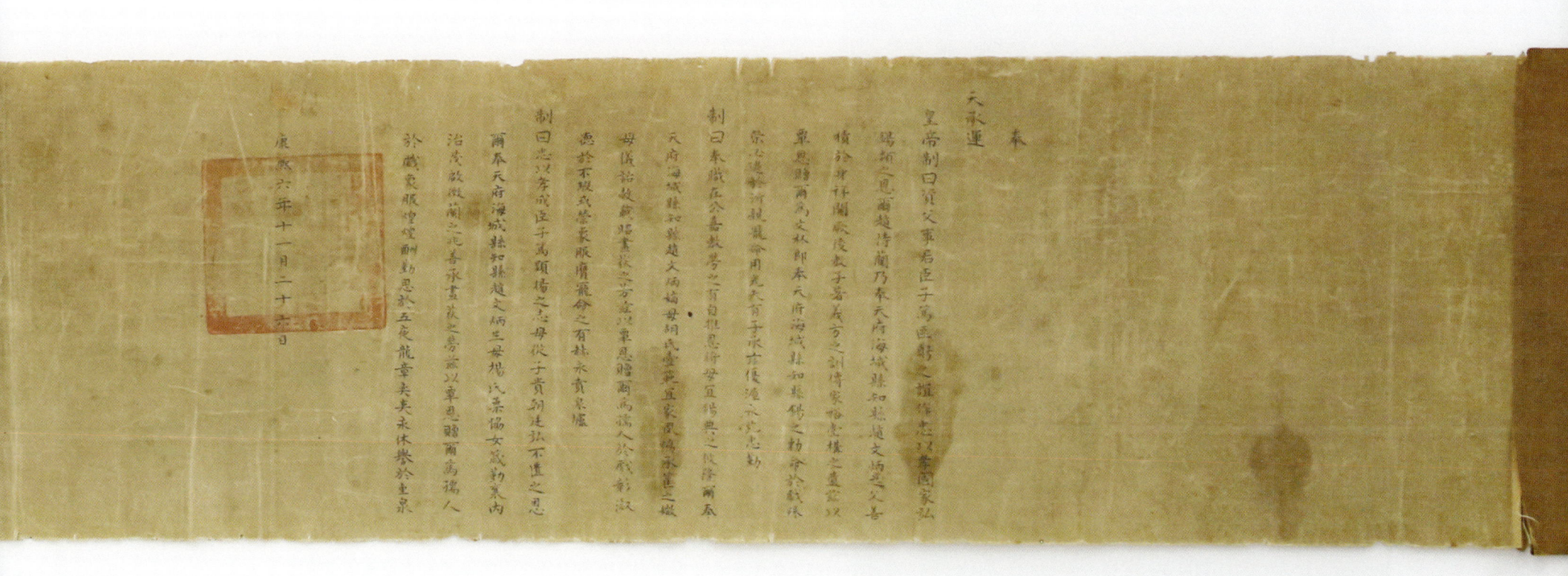

康熙六年（1667年）圣旨，绢本。用汉满两种文字书写，内容是表彰奉天府海城县知县赵文炳的父亲赵恃蘭、嫡母胡氏、生母杨氏为国家培养了栋梁之材。赵文炳，仪封（河南开封）人。顺治间中进士，康熙三年（1664年）任海城县令。

改建河南贡院碑文拓片

清雍正年间,河南巡抚田文镜将河南贡院从龙亭一带搬迁到铁塔上方寺南边。雍正九年(1731年)落成,十年(1732年)竖碑,记述贡院改建在这里的缘由及过程。石碑在校园西部,有围栏碑亭保护。

重修河南贡院碑文拓片

清道光年间，黄河决口，河南巡抚拆贡院砖瓦用于抗洪。临近科举大考，遂重修贡院，于道光二十四年（1844年）竖碑记事。河南巡抚鄂顺安撰文，前河南巡抚牛鉴手书。石碑在校园西部，有围栏保护。

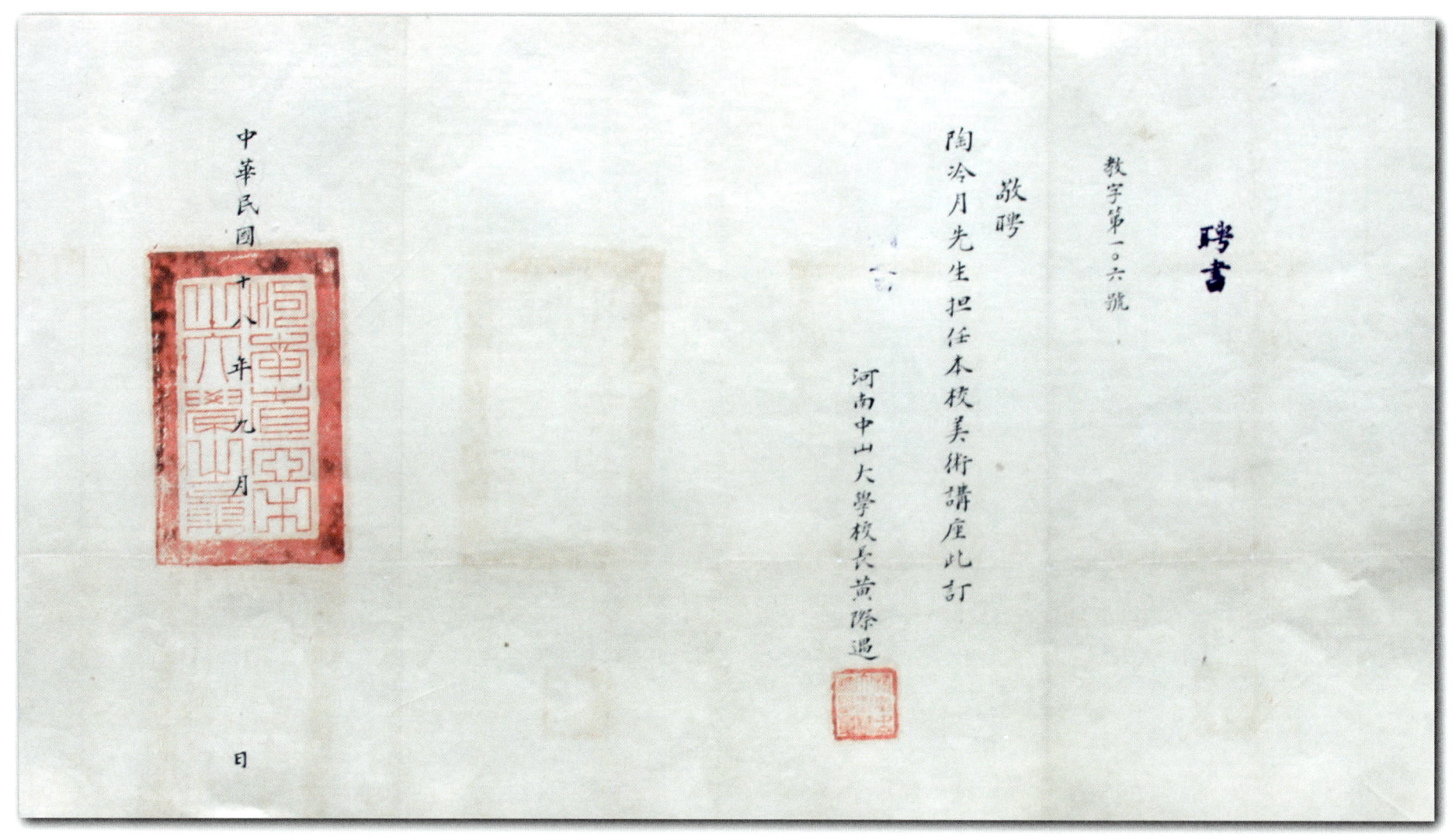

河南中山大学时期教师聘书

  1929年9月，河南中山大学（河南大学前身）校长黄际遇聘请陶冷月先生为本校美术讲座教授。该聘书由陶冷月后人捐赠。黄际遇（1885—1945），广东人，数学家。曾任河南中山大学校长，山东大学、中山大学教授。陶冷月（1895—1985），江苏苏州人，著名画家。

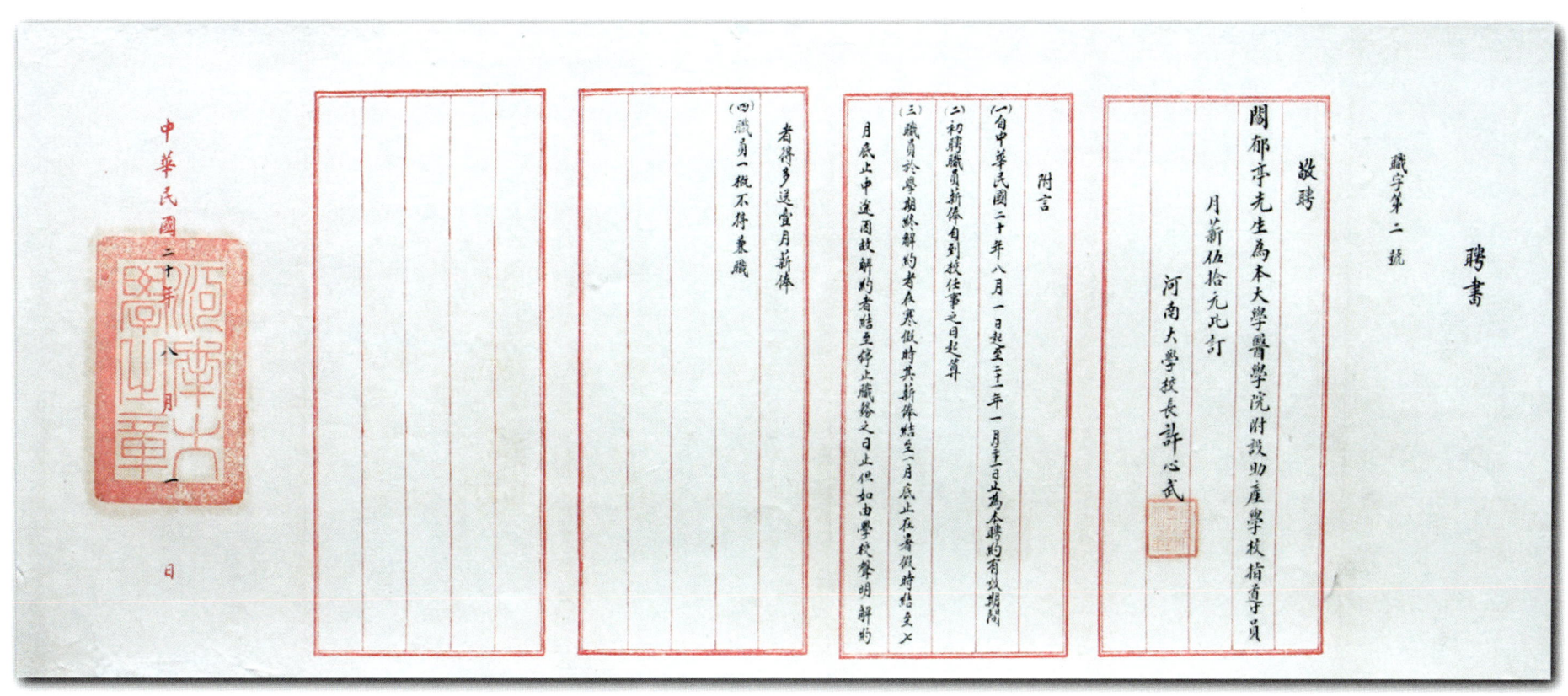

省立河南大学时期教师聘书

1931年8月河南大学校长许心武聘请阎郁亭先生的聘书。许心武（1894—1987），江苏仪征人，水利专家、教育家，1926年获得美国爱荷华大学研究院硕士学位，1931年任河南大学校长，其间主持建造了大礼堂。阎郁亭，曾任河南大学医学院附设助产学校指导员。

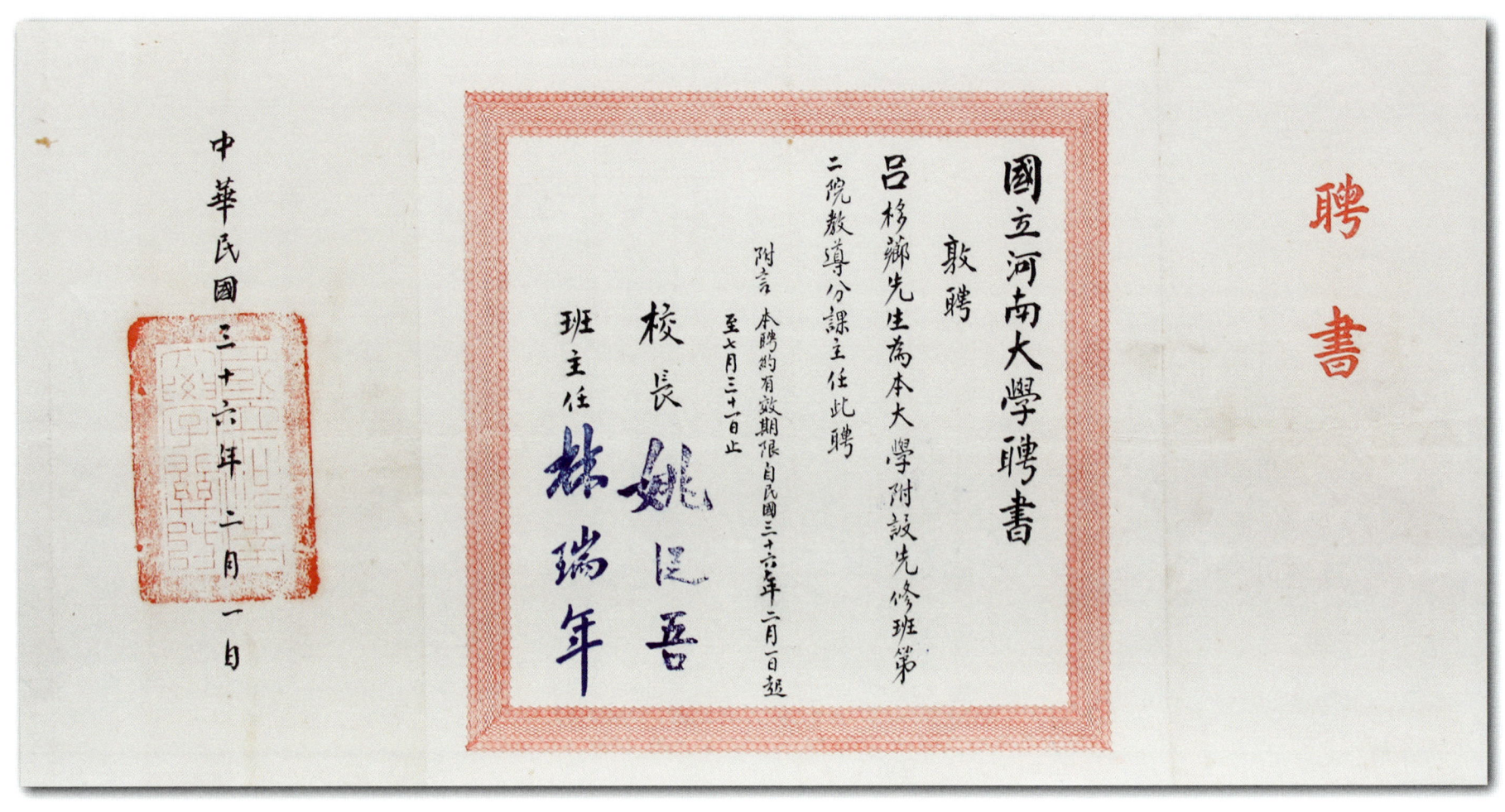

国立河南大学时期教师聘书

1947年2月国立河南大学校长姚从吾聘请吕杉芗先生的聘书。姚从吾（1894—1970），字占卿，号从吾，中年以后以号行。河南襄城县人，历史学家。1917年考入国立北京大学文科史学门，1920年毕业后又考入北京大学文科研究所国学门读研究生。曾任国立河南大学校长，台湾大学、德国柏林大学、西南联合大学教授等，是研究边疆史的专家，亦是宋、辽、金、元史的权威。吕杉芗，曾任国立河南大学先修班教导课主任。

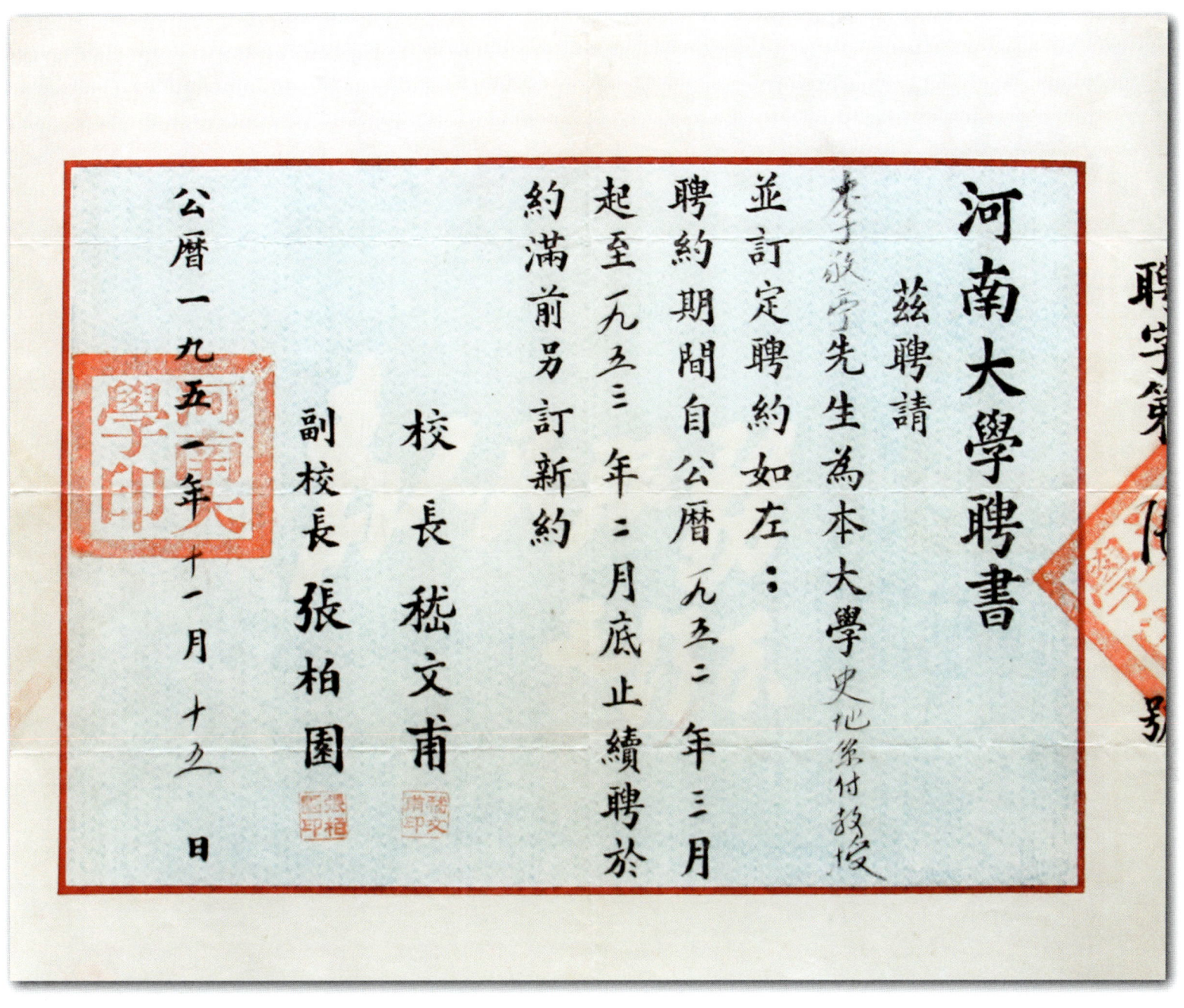

河南大学时期教师聘书

1951年11月河南大学校长嵇文甫聘请李敬亭先生的聘书。嵇文甫（1895—1963），原名嵇明，河南卫辉人，中科院学部委员，哲学家、教育家、史学家。五四运动时期就投身于革命洪流，追求真理。20世纪30年代到河南大学工作，曾任河南大学文学院院长、中原大学教授。新中国成立后，历任河南省副省长、中南军政委员会委员、河南大学校长。1956年出任郑州大学首任校长，为开拓中国哲学史及古代思想史学术领域的研究，做出了重大贡献。李敬亭，曾任河南大学史地系副教授。

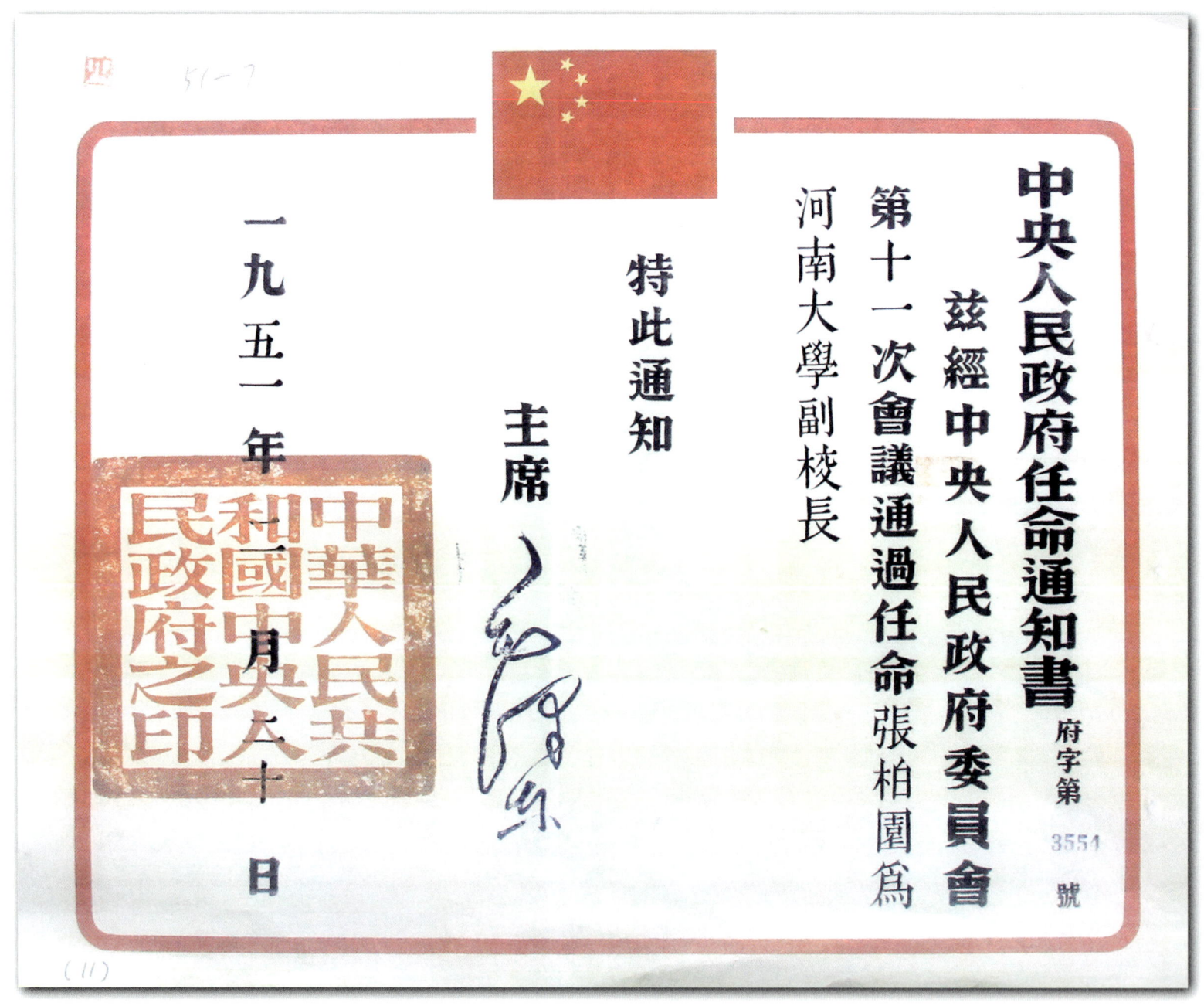

中央人民政府任命通知书

1951年2月，中华人民共和国中央人民政府任命张柏园为河南大学副校长的通知书。张柏园（1910-1994），天津人。1937年毕业于北平师范大学教育系，1939年加入中国共产党。曾任北方大学教务长、中原区教育部副部长。1949年后，历任河南省教育厅厅长兼河南大学副校长、河南省文化教育委员会主任、河南省副省长等。

中华人民共和国国务院任命书

1956年11月，中华人民共和国国务院任命赵纪彬为开封师范学院（河南大学的一个时期）院长，右图为1960年国务院任命其为中国科学院河南分院副院长的任命书。赵纪彬（1905—1982），河南安阳人，哲学家、教育家和政治活动家。曾任平原师范学院院长，开封师范学院院长。1963年为中央党校教授，1981年受聘为中国社科院历史所兼职研究员。

河南留学欧美预备学校学生毕业证

1919年河南留学欧美预备学校第二届毕业生张凝的毕业证，该证书保留了晚清毕业文凭的部分格式，陈述学校的缘起、教育部批准考核等，将毕业生的功课甚至教员等信息一一罗列。除了中文之外另有西文内容，罗列毕业生的课程名称及考试分数。李鹤（1890-1975），字敬斋，后以字行，历任河南留学欧美预备学校教务主任、校长，福中矿务专门学校校长、省立河南大学校长、南京政府地政部部长等。张凝（1900-1998），字静吾，后以字行。河南巩县人，医学教育家，1925年获德国哥廷根大学医学博士学位。曾任河南大学医学院教授、院长，河南医学院院长。1979年后，任河南省政协常委、民盟河南省副主任委员、中华医学会河南分会常务理事等职。

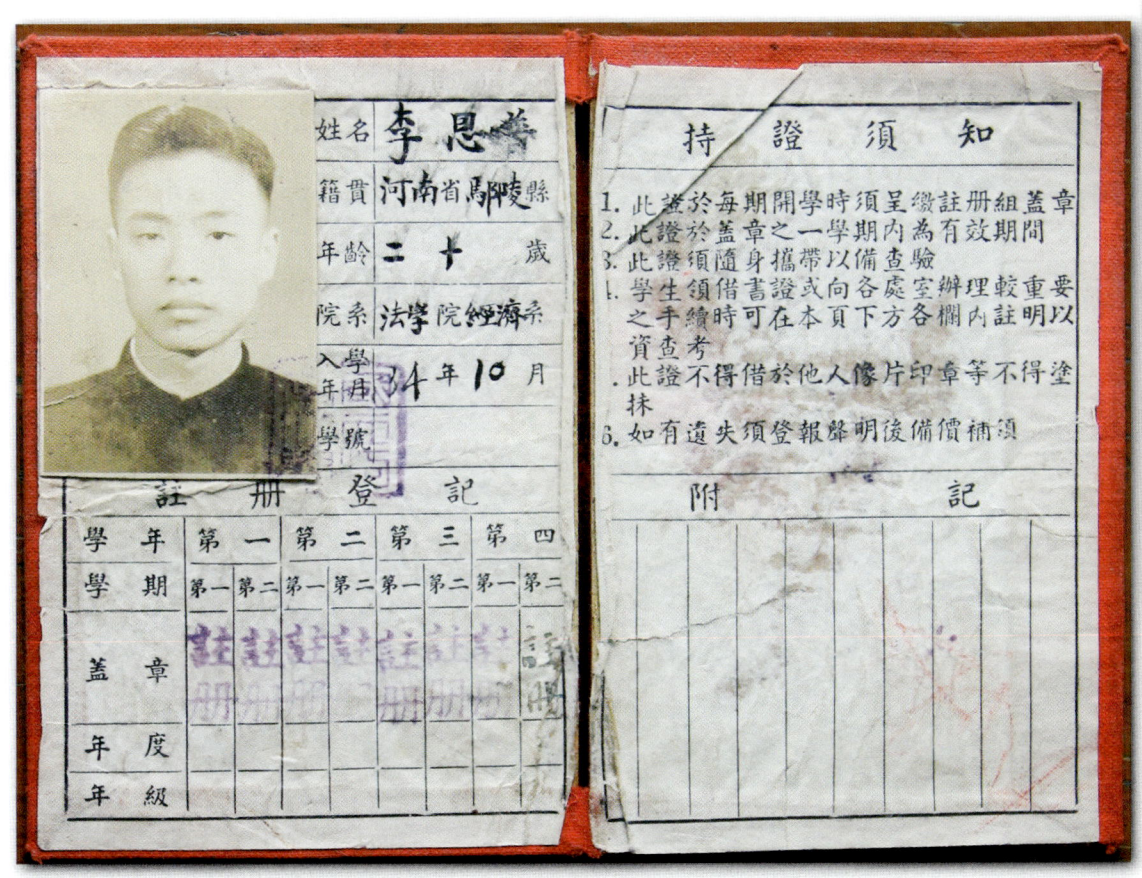

国立河南大学学生证

1948年国立河南大学李恩普同学的学生证。学生证红色，布面精装，1948年制发，尺寸长14厘米，宽10.5厘米。李恩普（1925－？），河南鄢陵人，河南大学法学院经济系学生。

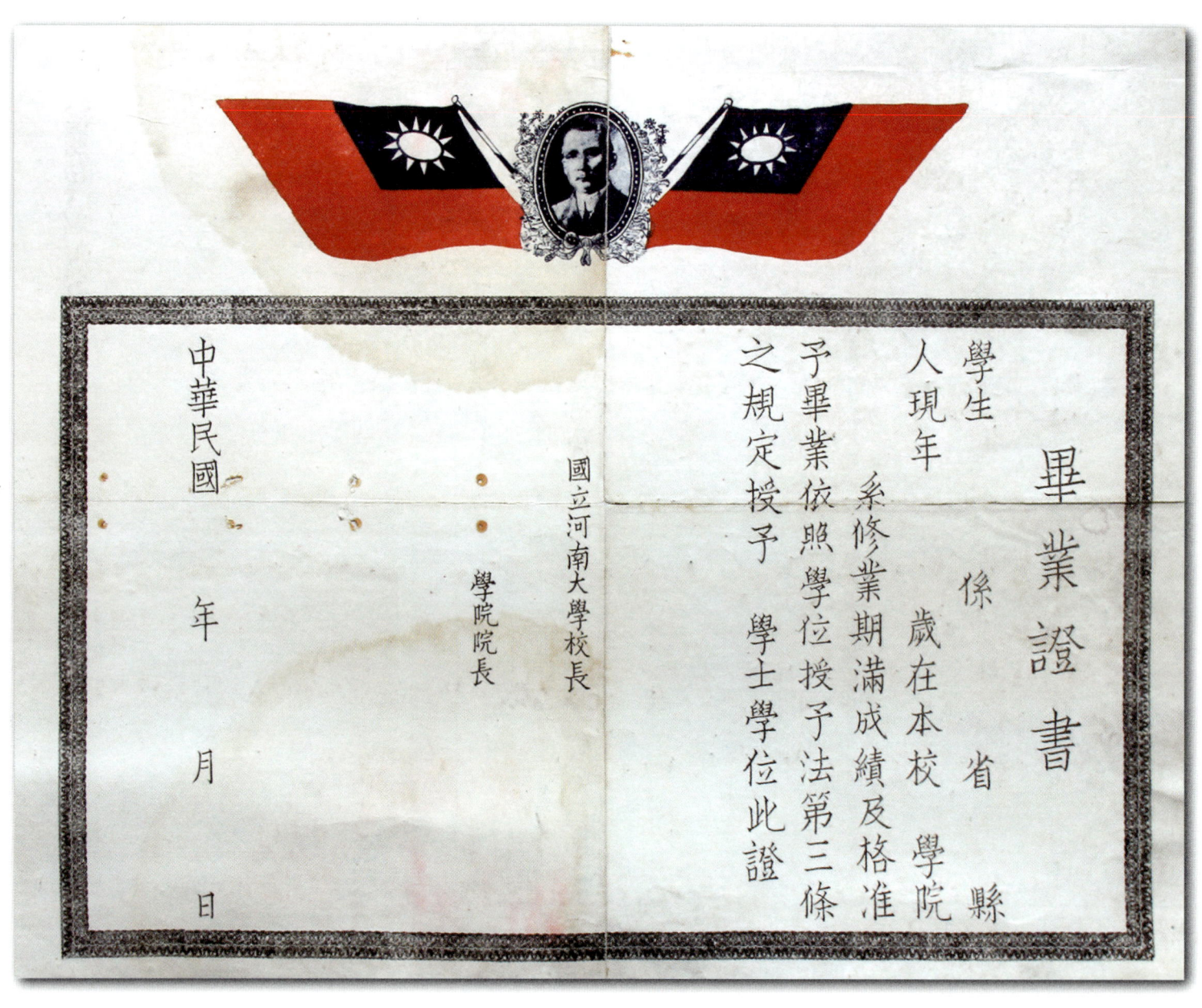

国立河南大学毕业证书

国立河南大学时期的毕业证书空白件。国立河南大学存在的时间自1942年3月批准起，至1950年9月中华人民共和国教育部发文全国一律取消"国立"称号止。

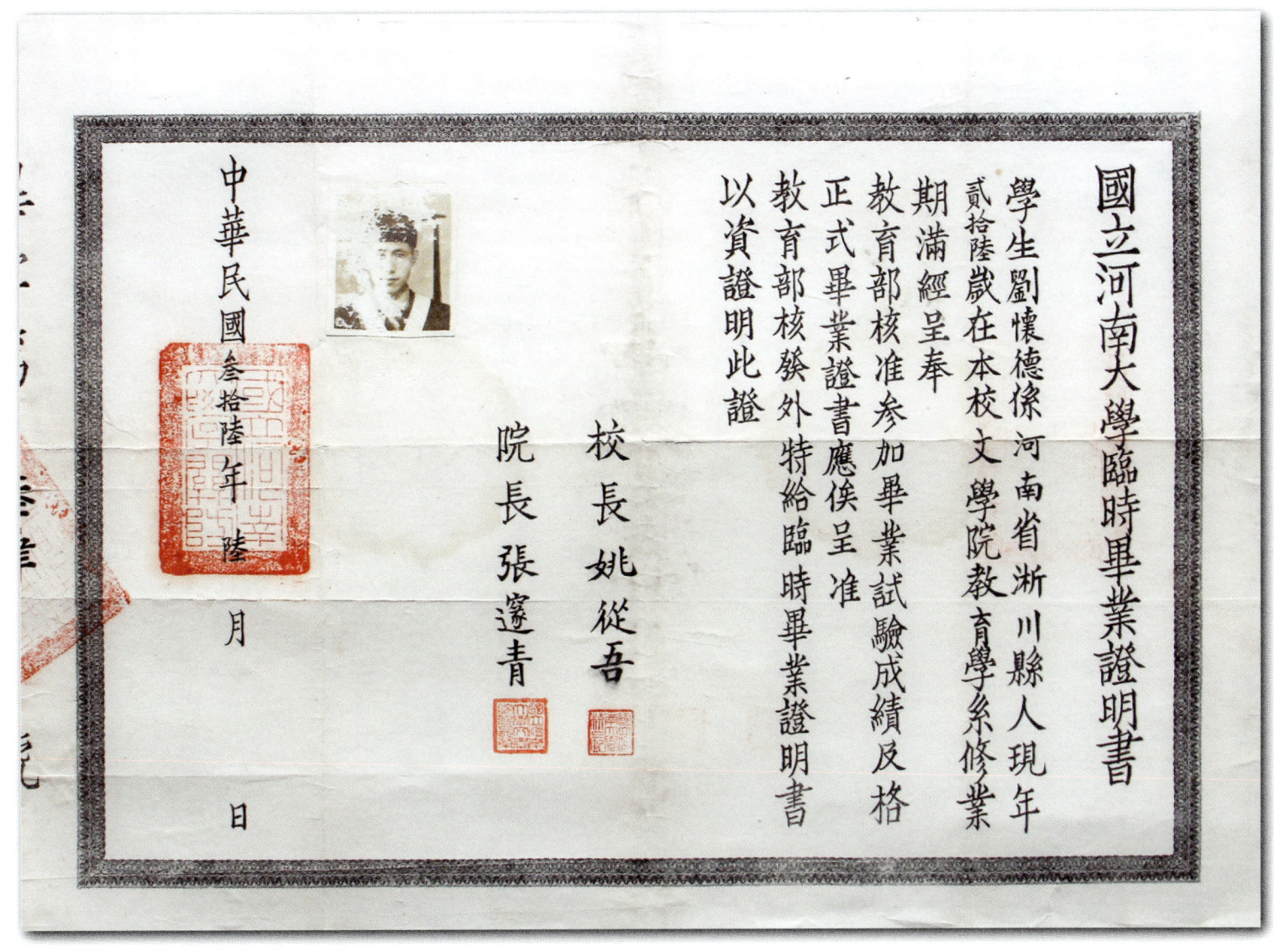

国立河南大学临时毕业证明书

学生刘怀德毕业证明书。国立大学的毕业证书需要呈准教育部核发，为了应付毕业生急用，学校一般会颁发一张临时毕业证明书，证明该生已经修业期满，参加了毕业考试并且成绩及格，待教育部核准后，再颁发正式证书。张邃青（1893—1976），名森桢，以字行，河南太康县人。1919年北京高师毕业，到开封第一师范学校任教。1927年8月到河南中山大学（河南大学前身）任文史系教授，1940年任河南大学文史系主任，1943—1949年兼任文学院院长。

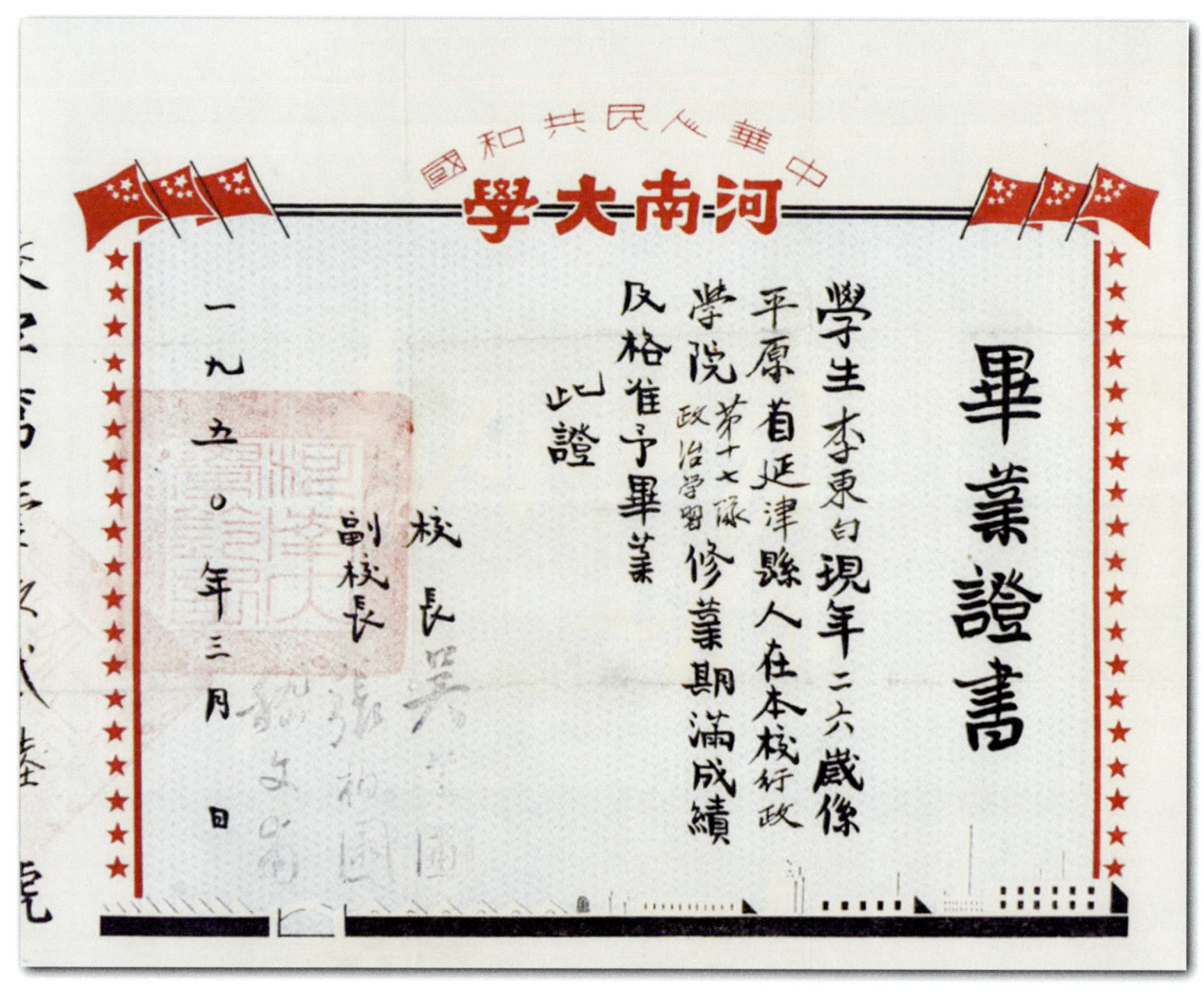

河南大学毕业证书

　　河南大学1950年颁发给学生李东白的毕业证书，有河南大学钤记大印。吴芝圃（1906—1967），河南杞县人。1949年后，曾任河南省人民政府主席，河南省省长，中共河南省委第一书记，中共中央中南局书记处书记，是中共第八届中央委员等。1949—1950年兼任河南大学校长。

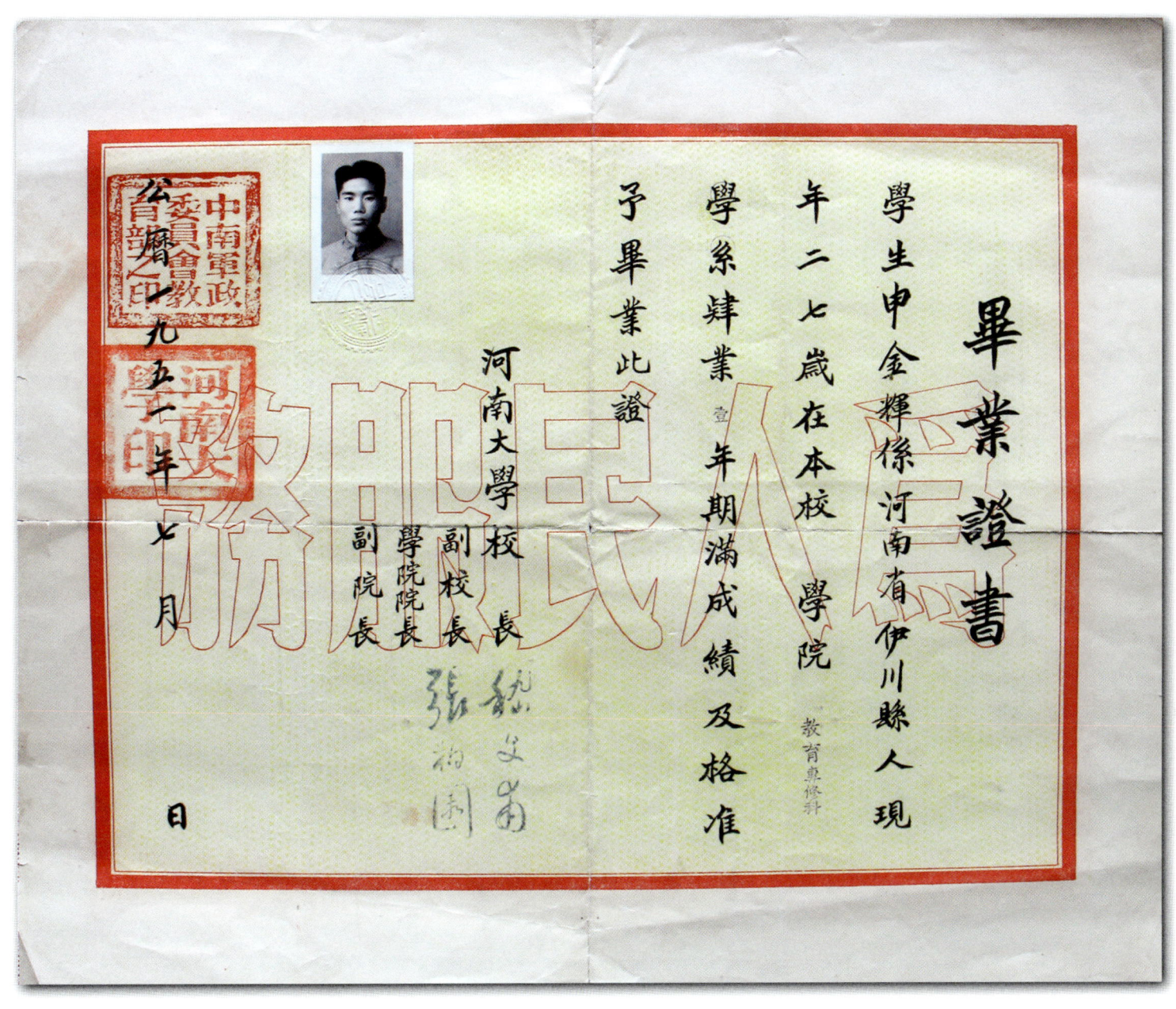

河南大学毕业证书

河南大学1951年颁发给学生的毕业证书,有河南大学印和中南军政委员会教育部之印。毕业学生为申金辉,河南伊川县人,教育系学生。

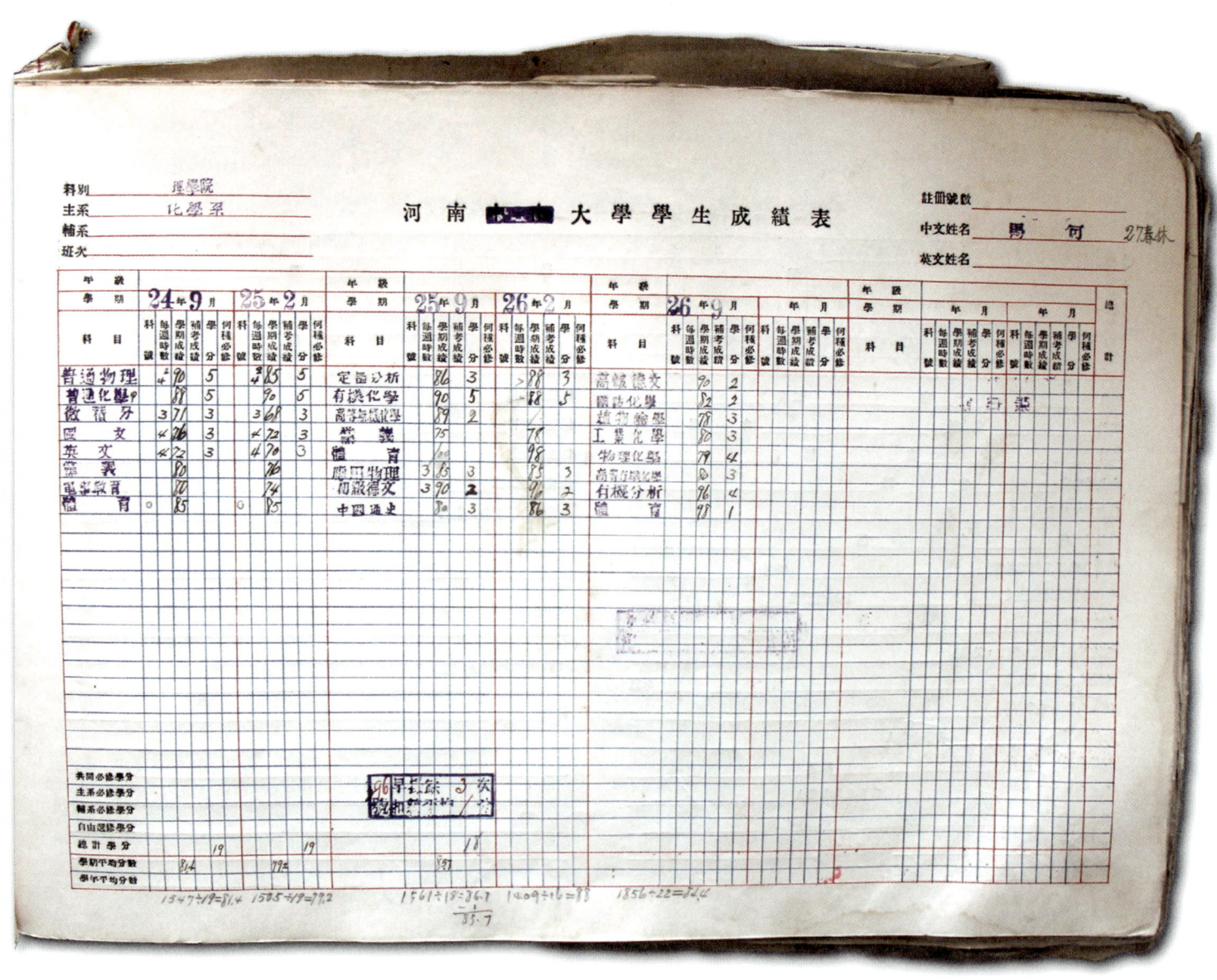

马可 1935 年 9 月至 1938 年 1 月在校期间学籍表

马可（1918—1976 年），江苏徐州人，作曲家。1935 年入河南大学理学院化学系学习，曾组织河南大学怒吼歌咏队，1939 年赴延安，抗战时期代表作品有《游击战歌》《南泥湾》《夫妻识字》等。新中国成立后曾任中国音乐学院副院长兼中国歌舞剧院院长等职，在国内外颇有影响。

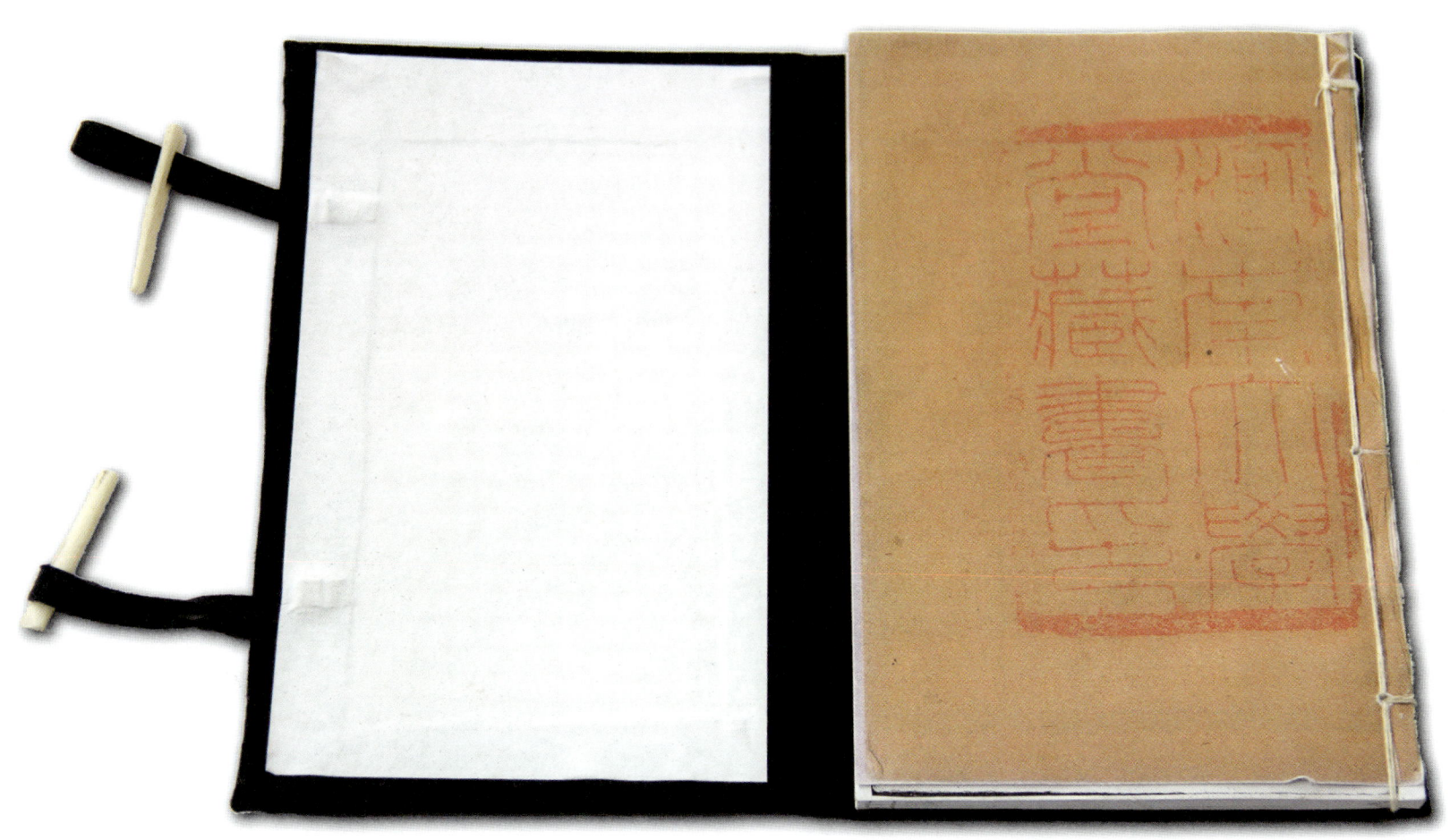

河南大学堂藏书

　　1902年河南巡抚锡良奉旨开办河南大学堂，后河南大学堂几经更名，与其他学校一起并入河南中山大学（河南大学的前身）。这是我校图书馆收藏的当年河南大学堂藏书之一种。

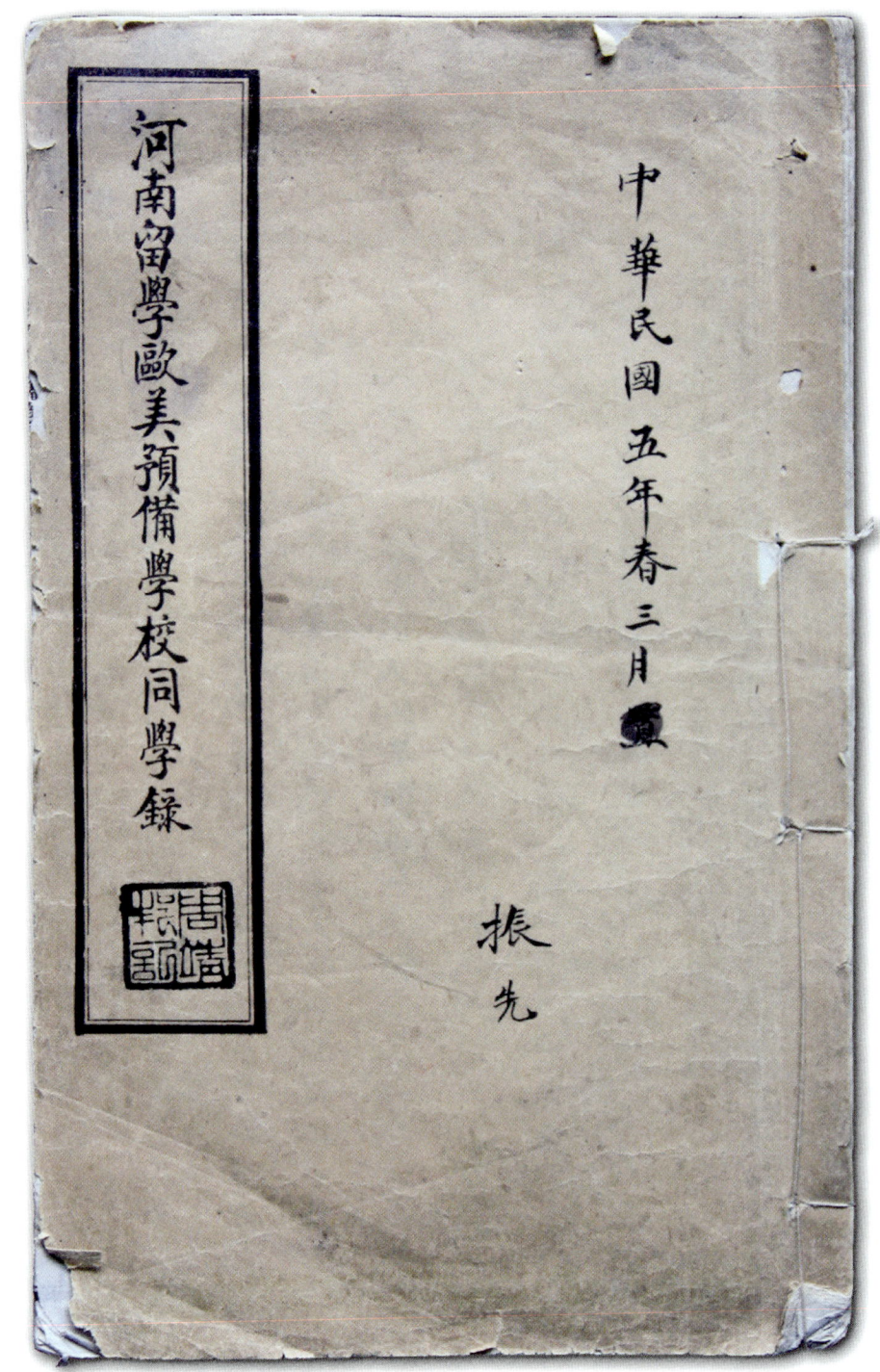

河南留学欧美预备学校同学录

1912年河南大学的前身河南留学欧美预备学校诞生了，开办英文科、德文科、法文科等，到1916年在校生已经有英、德两科，有三届在校生。1916年学校印制学生通讯录，邀请校长林襄先生作序。林襄（1878—1956），字伯襄，后以字行，河南商城人，河南留学欧美预备学校第一任校长。

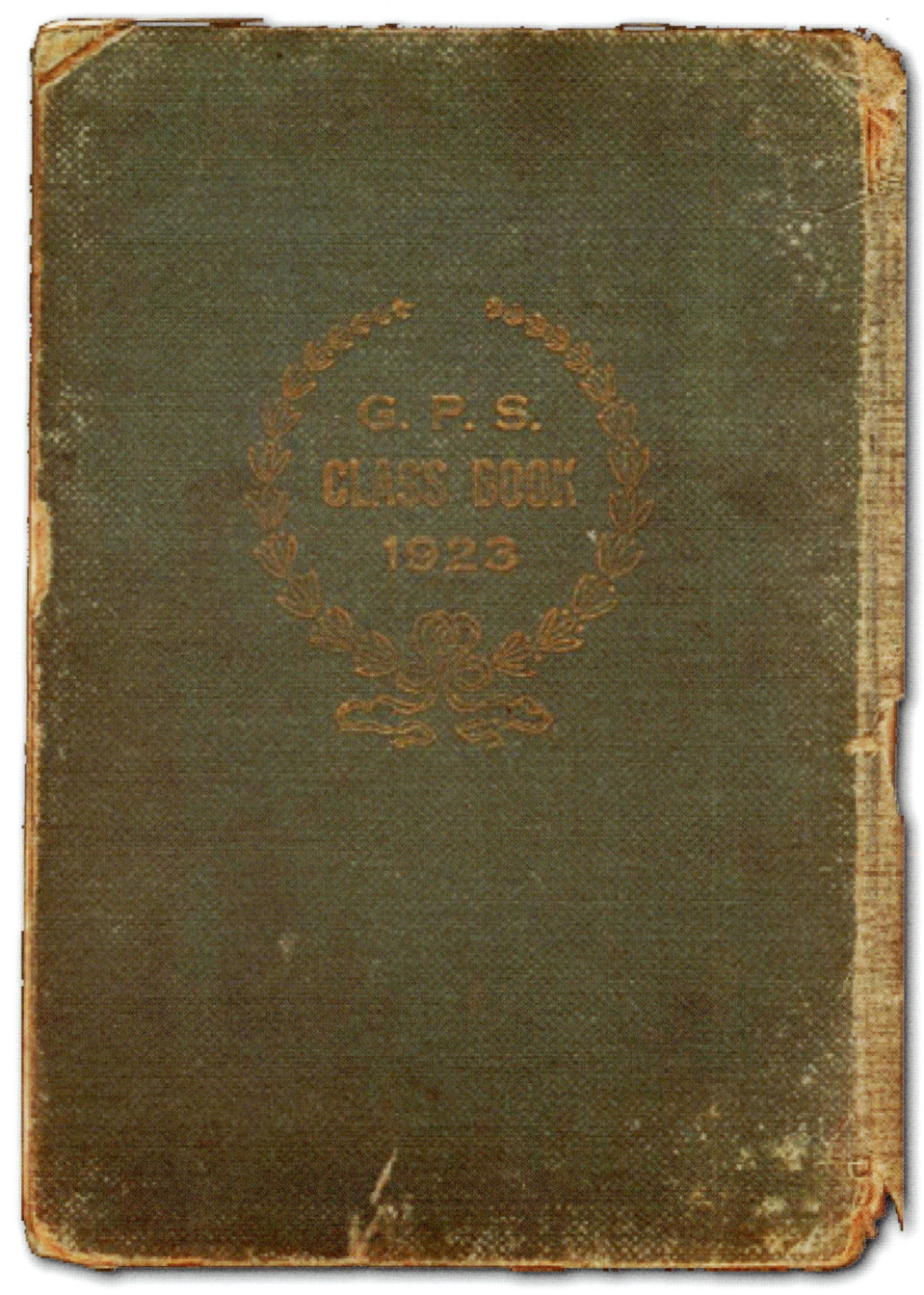

河南留学欧美预备学校第三次英文科同学录

《G.P.S. CLASS BOOK 1923》又名《河南留学欧美预备学校第三次英文科同学录》。同学录里记录了十余位中外教师的赠言教诲，更为难得的是除一批校园建筑图片外，还有学生团体集体合影十余帧及教职员44人、学生41人的个人照等，留下了很多珍贵的早期校史图片资料。

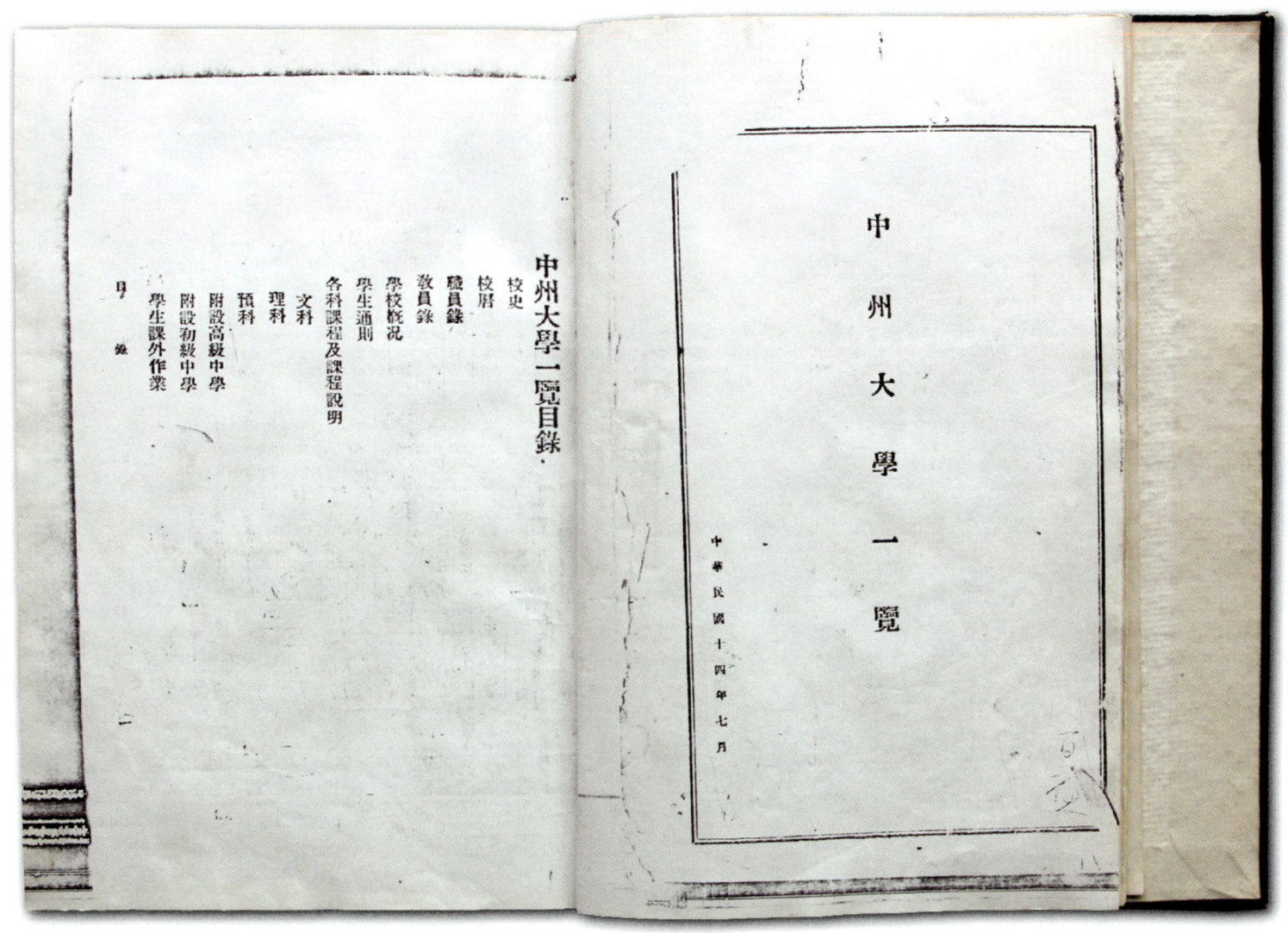

《中州大学一览》

中州大学时期，学校除了教学之外，还创办了多种刊物，丰富师生生活，有《中州大学晚报》《中州大学一览》等。其中《中州大学一览》为年刊，主要内容是学校概况、教学内容及师生基本情况等。此为1925年的《中州大学一览》。

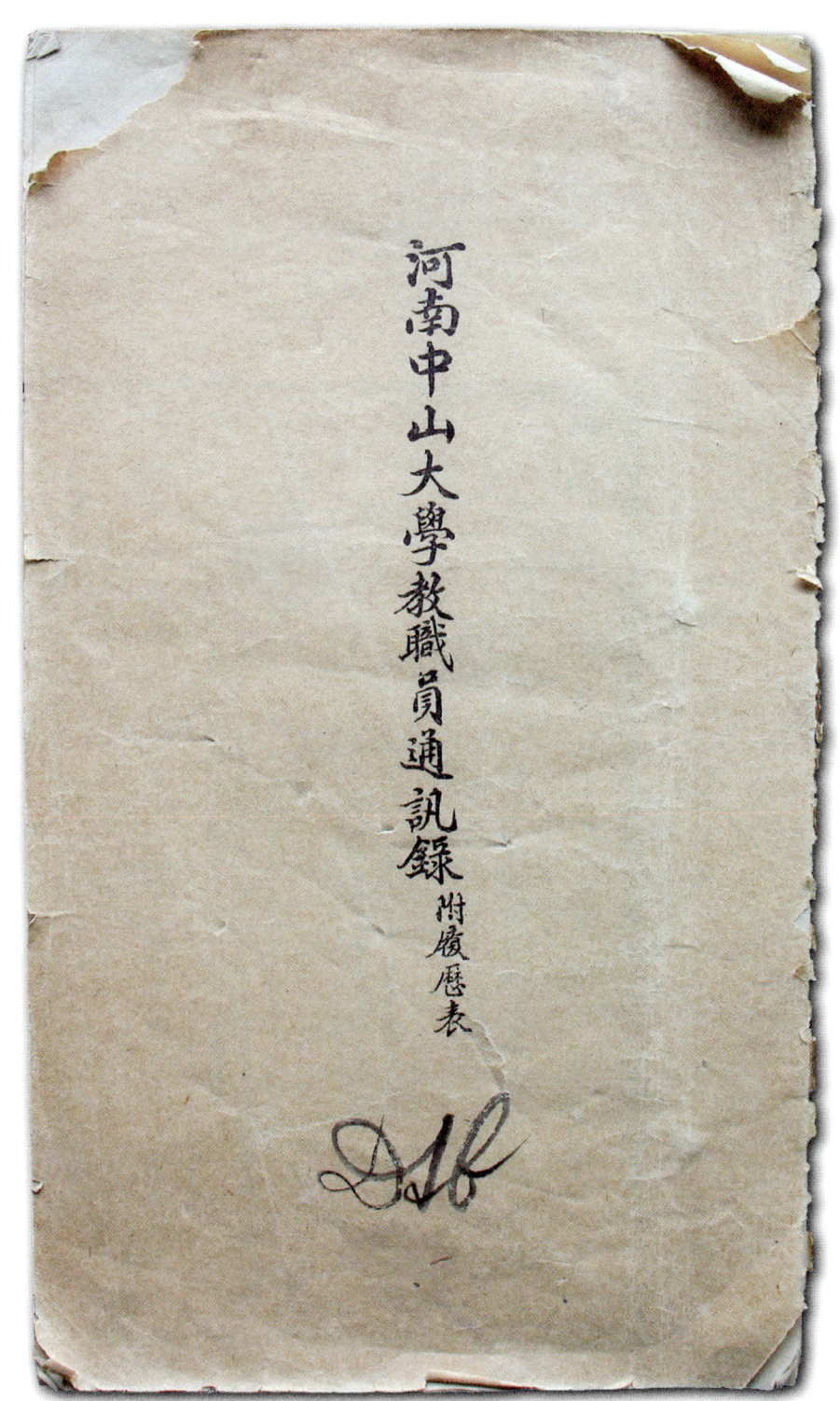

河南中山大学教职员通讯录

1927年6月北伐军进驻开封,有以河南中州大学(河南大学前身)为基础筹建"国立开封中山大学"(亦称"国立第五中山大学")之举,委任徐谦为校长,后因"宁汉合流",7月校名定为河南中山大学,先后有张鸿烈、凌冰、查良钊、邓萃英、黄际遇、张仲鲁等校长。其间学校编制教职员通讯录,并附录履历表,对于了解当时教师家庭状况、学术背景极为便利。

甲骨学教材

此为省立河南大学时期，文学院历史系教材，石印线装本。20世纪30年代，河南大学师生参与安阳殷墟发掘，甲骨学的学习与研究在校园蔚然成风。

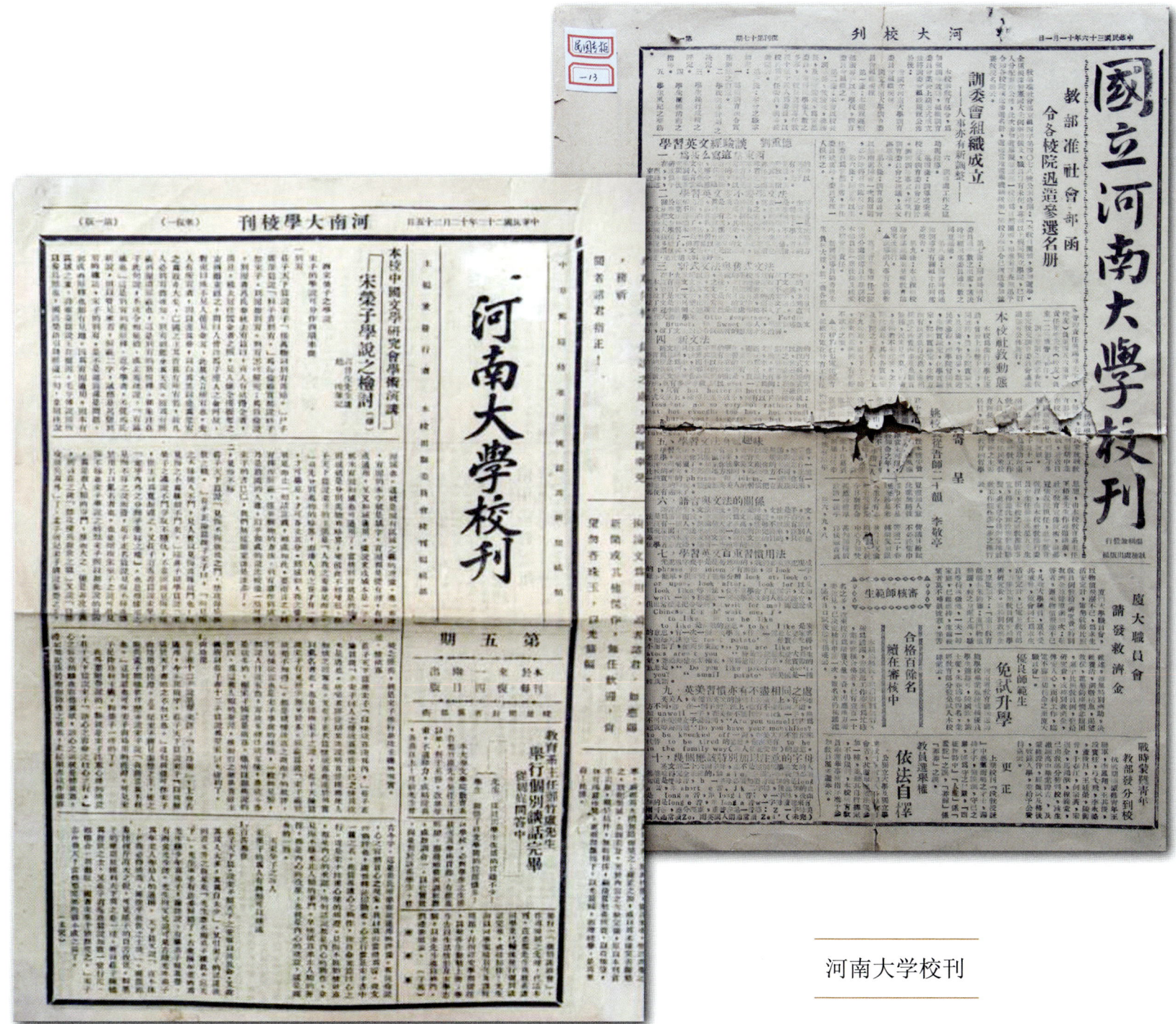

河南大学校刊

　　河南大学的校刊早在 20 世纪 20 年代末期就创刊了，当时称河南中山大学周刊，校刊主要刊登学校新闻、上级关于高等教育的文件、学校重要活动及学术讲座等，是师生了解学校的一个窗口。这是 1933 年《河南大学校刊》第五期和 1947 年的《国立河南大学校刊》。

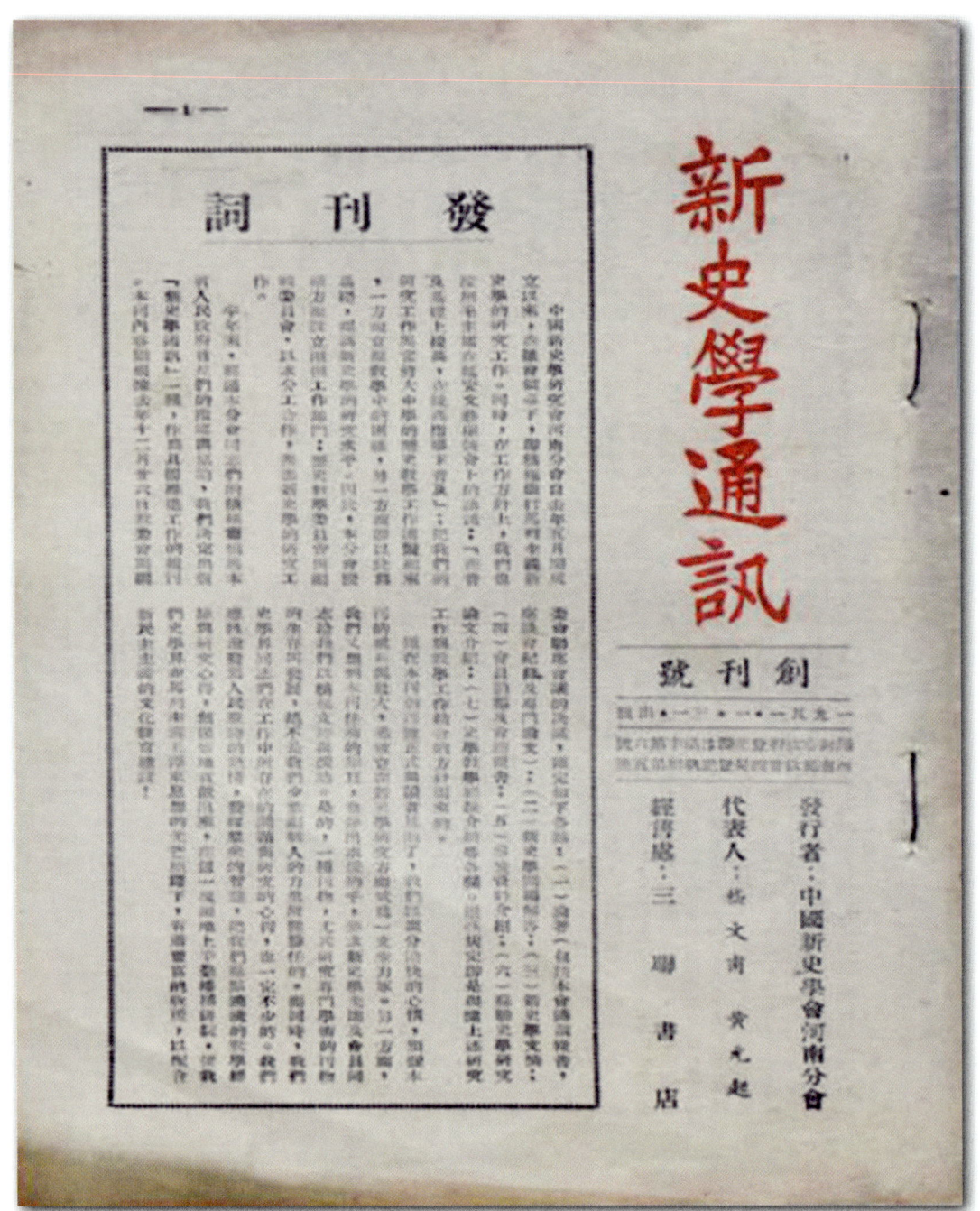

《新史学通讯》创刊号

河南大学历来重视学术研究，中华人民共和国成立后，河南大学早在1951年就创办了史学研究期刊——《新史学通讯》，杂志代表人为嵇文甫和黄元起，是《史学月刊》杂志的前身。

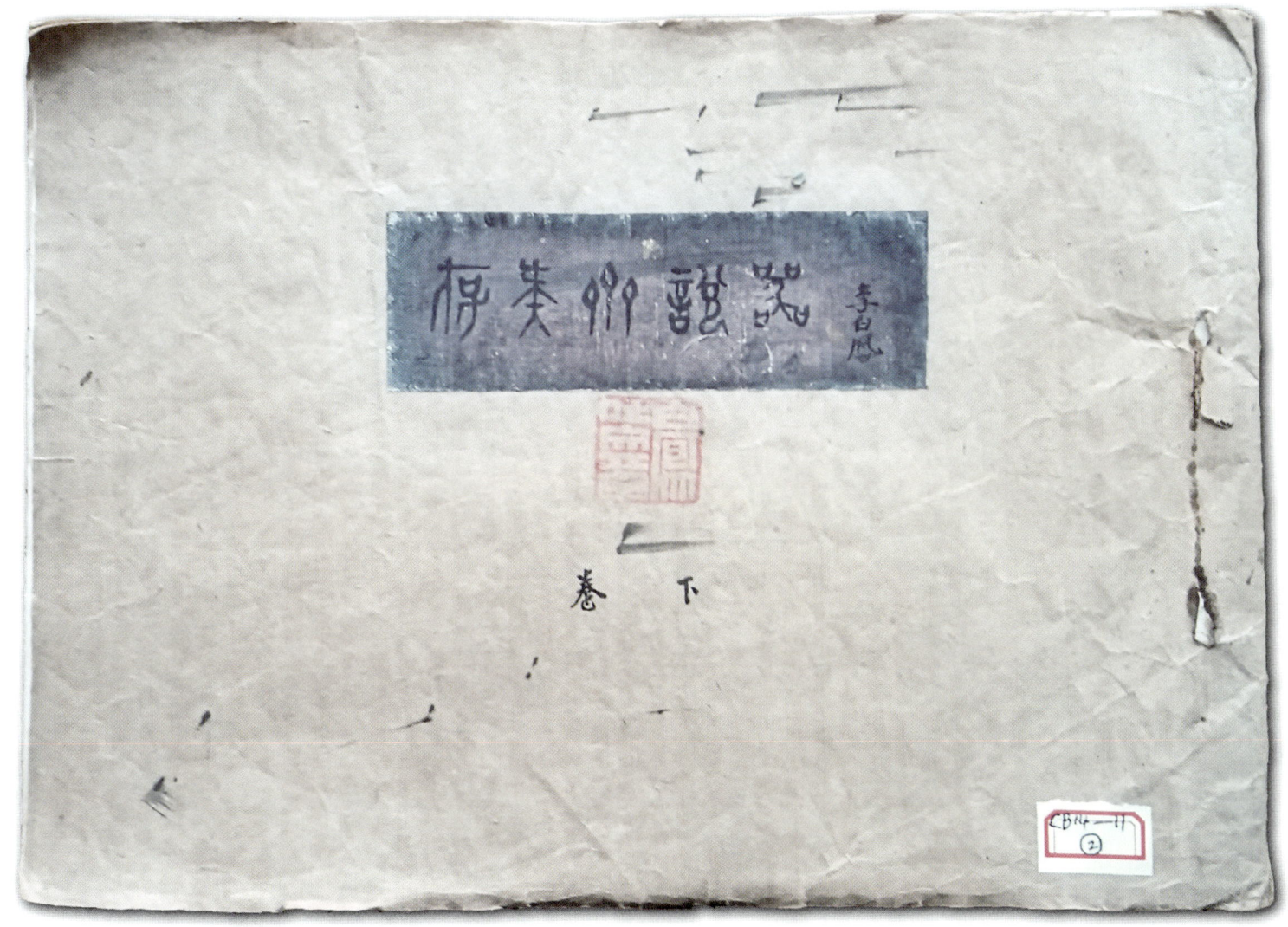

李白凤教授手稿

李白凤（1914－1978），祖籍北京，生于四川，定居开封。是我国现当代著名学者、书法家、篆刻家、作家、诗人。经常在上海的《新诗》、北平的《小雅》等刊物发表诗歌。抗日战争初期，创作的著名剧本《芦沟桥的烽火》，影响甚大。中华人民共和国成立后，先后任哈尔滨工业大学、山西师范学院（现山西大学）、河南开封师范学院（现河南大学）教授。在文学、文字学、民俗学、历史学和书画篆刻等领域颇有造诣。此为其《存疑斋说器》卷下手稿。

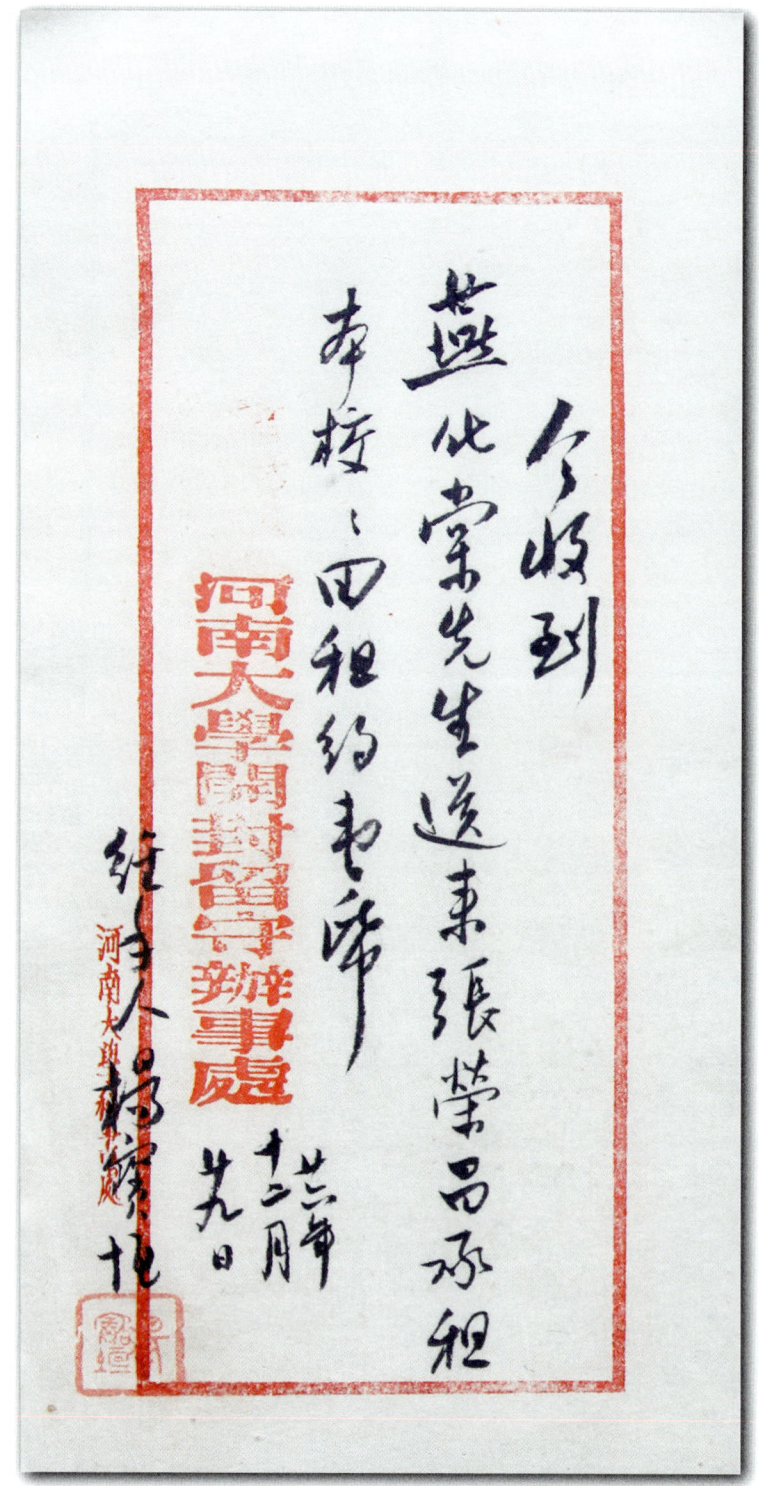

河南大学开封留守办事处收到条

1937年12月，河南大学离开开封开始抗战流亡办学，开封校部成立河南大学开封留守办事处，负责处理开封校区相关事宜。燕化棠送来张荣昌承租校田的契约书，河大开封留守办事处杨宝恒先生为其出具收到条。燕化棠（1883—1974），河南新蔡人。留学日本，抗战期间，历任国民党河南第五区党务指导专员、河南省参议会秘书长、河南省政府驻渝代表、国民党中央执行委员。

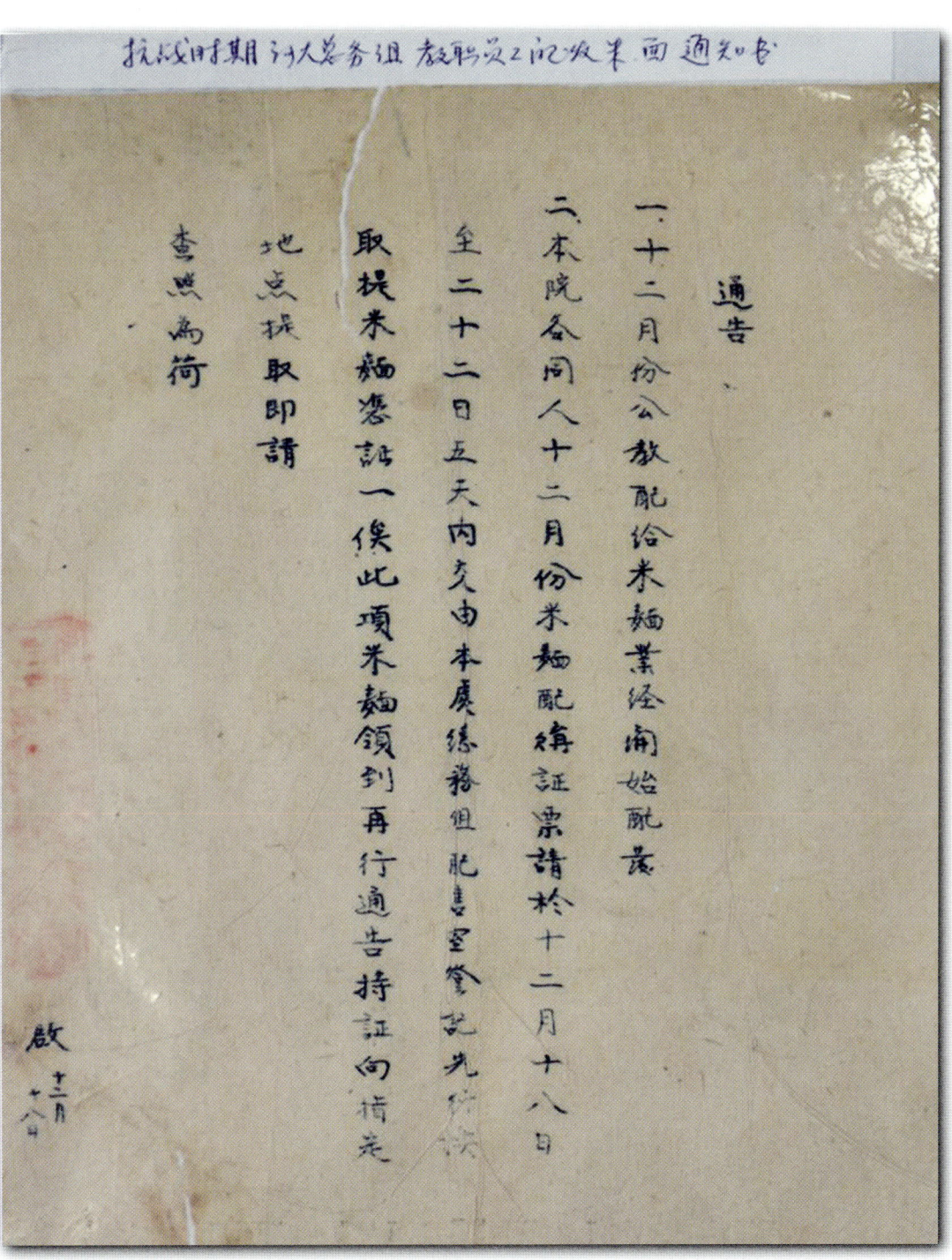

河南大学总务处通告

抗战搬迁办学期间，河南大学总务处发布一则关于民生的通告，全校公教人员配发米面，要求在5日内到总务处办理登记手续。

河南大学在嵩县潭头镇办学时期部分师生合影（1944年）

河南大学文学院全体欢送第六届毕业同学留念（1933年）

河南大学师生欢送第九届毕业同学摄影（1936年）

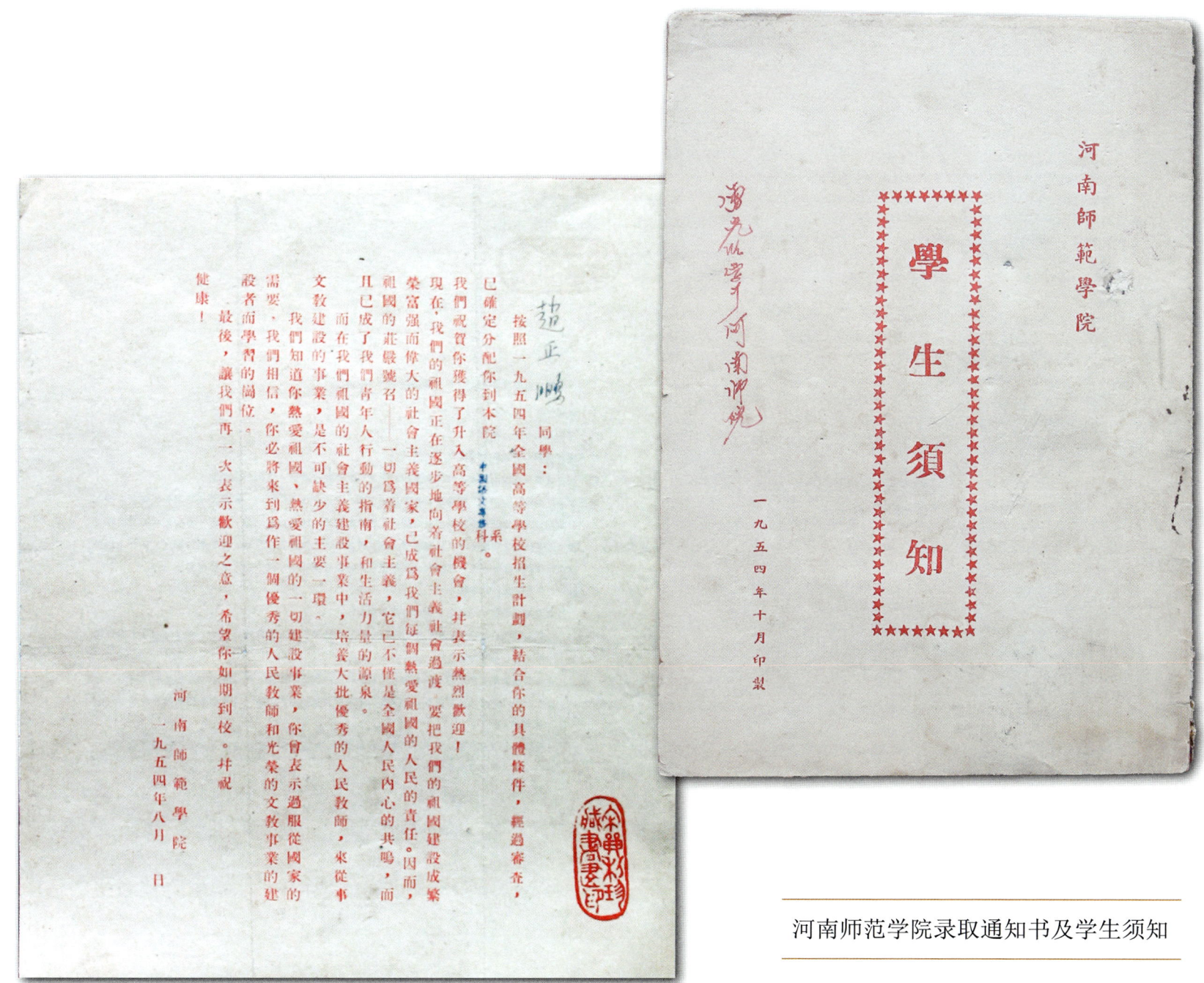

河南师范学院录取通知书及学生须知

随着1952年全国院系调整，1953年河南大学调整为河南师范学院，这是1954年8月印发的新生录取通知书及1954年10月印制的学生须知。

开封师范学院团委、学生会致新生的信

1963年8月开封师范学院（河南大学曾用名）团委及学生会联名给当年的新生发了一封信，表达了对新生的欢迎，并且介绍了学校的历史及特色。

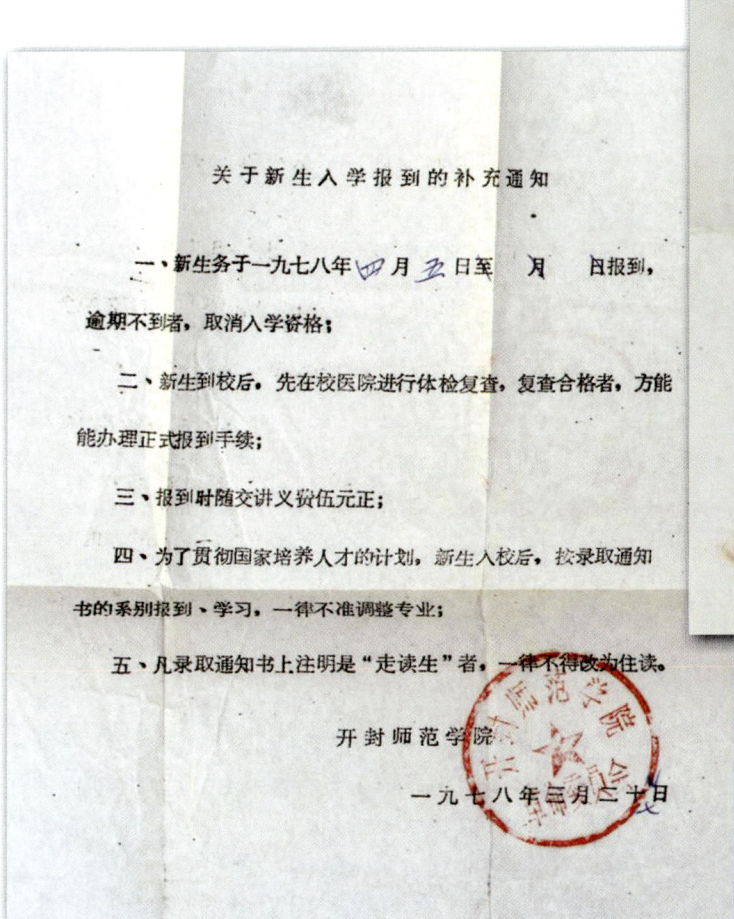

开封师范学院学生入学通知书

1977年恢复高考的时候,河南大学的校名还是开封师范学院。七七级的新生到1978年3月才接到正式的入学通知书,入学时间是1978年4月。这是当年化学系走读生李俊同学的入学通知书及入学报到的补充通知,钤印的是开封师范学院革命委员会的印章。

"河南留学欧美预备学校旧址"建筑群获批全国重点文物保护单位

经过学校的积极努力和争取,2006年学校申报的"河南留学欧美预备学校旧址"建筑群获批全国重点文物保护单位,16座单体建筑分布在校园的核心部位。此为申报材料及全国重点文物保护单位牌匾,由中华人民共和国国务院公布,国家文物局2006年6月颁发。16座单体建筑分别是南大门、六号楼、七号楼、大礼堂和东西十二斋房。

中州大学校门幻灯片

　　1922年河南中州大学在河南留学欧美预备学校的基础上诞生了，这是河南大学的第二个前身，也是河南第一所现代意义上的大学。1923年3月开学，开办之初有文、理两科，科主任分别是冯友兰、曹理卿。此幻灯片内容是中州大学校门，是当年学校外教在美国宣传中国文化的一组幻灯片中的一枚，2018年校史馆从北京琉璃厂购得。

明伦校区南大门

南大门于 1936 年落成，是典型的中国古典牌楼式建筑，四柱三开门。在整个校园的南端，与大礼堂遥相对应。

明伦校区六号楼

六号楼于1915年动工，1919年落成，是校园现存最早的中西合璧建筑，主体部分连同半地下室4层，灰瓦大坡顶，迎面有六根希腊柱。初为讲楼，后短期作为行政办公楼，1924年逐渐为图书馆使用。1925年7月李大钊先生曾在此演讲《大英帝国主义侵略中国史》。1985年为学校出版社及学报编辑部所在地。2004年为教育部普通高校人文社科重点研究基地"黄河文明与可持续发展研究中心"办公处，2018年为文化产业与旅游管理学院所在地。

明伦校区七号楼

七号楼1925年落成，中西合璧建筑，大屋顶配气楼典雅别致。1925年至1972年一直是学校主要的教学场所，校友中著名的教师、学生都曾在这里教学和学习。1973年至1985年曾为图书馆的一部分，后恢复教学功能，先后有教育系、法律系等在这里办公，现为历史文化学院所在地。

明伦校区大礼堂

　　大礼堂是学校的集会活动中心，1934年落成。楼高24米，南北跨度70多米，东西跨度50多米。当时全校师生600余人，礼堂座位却有3千多个。学校重要的活动均在这里举行，1950年河南省各届人民代表大会曾在这里召开。

明伦校区东西十二斋

　　斋房，本意为斋戒的居室，后常指书房、学舍等。河南留学欧美预备学校时期，为解决学生住宿问题，设计了学校中线轴的两侧各有十斋房，作为宿舍楼。楼高三层，实木地板，入口处有雕花门罩垂花柱，三道屋脊并有女儿墙点缀。自南而北分别为东一斋到东十斋，西一斋到西十斋。1921年先落成东西二斋，后陆续修建，最后两座东九、十斋建成于1952年，西边斋房因故只建两座，所以现存东西十二斋。

国立河南大学校徽

1942年学校在潭头办学时启用的学生佩戴的校徽，此为河南大学台湾校友捐赠。

国立河南大学数理学会徽章

国立河南大学数理学会的徽章，当时的数理系主任是樊映川。樊映川（1900－1967），原名樊盛芹，安徽省舒城县人，现代著名数学教育家。北京大学毕业，1941年至1948年任国立河南大学教授，并先后兼任数理系主任、理学院院长等职。1950年到上海同济大学任教，曾担任上海市政协常委、全国高等工科院校数学教材编审委员会委员。

河南大学校徽

开封师范学院校徽

　　这枚校徽的使用时间是1950年至1953年。"河南大学"字体选择的是毛体字,三条红线代表黄河,图案是齿轮和麦穗,寓意培养黄河流域的工农业建设人才。白色底色,此为当年学生佩戴的校徽。

　　这枚校徽的使用时间是1956年至1979年。1953年河南大学更名为河南师范学院,1956年再次更名为开封师范学院。红色底色,此为当年教工佩戴的校徽。

河南师范大学校徽

河南大学校徽

　　这枚校徽的使用时间是1979年至1984年。1979年开封师范学院更名为河南师范大学,更换的校徽采用的是鲁迅的字,红色底色是教工佩戴的校徽。

　　这枚校徽的使用时间是1984年至1992年。1984年河南大学恢复校名,时任党中央总书记胡耀邦为河南大学题写了校名,学校更新了校徽,红色底色是教工佩戴的校徽,白色底色是学生佩戴的校徽。

河南大学校徽

　　这枚校徽的使用时间是 1992 年至 1995 年。河南大学八十年校庆期间,学校更换了校徽,"河南大学"四字是宋代书法家米芾的字,由肖红设计,椭圆形,下边有黄河水和建校时间"1912"。红色底色是教工佩戴的校徽,黄色底色是研究生佩戴的校徽,白色底色是本科生佩戴的校徽。

河南大学校徽

　　这枚校徽的使用时间是 2000 年至今。2000 年学校合并了开封医学高等专科学校和开封师范高等专科学校，成立了新的河南大学，按照国家语言文字工作委员会要求，郝文勉教授书写了简化字校牌。红色底色是教工佩戴的校徽，黄色底色是研究生佩戴的校徽，白色底色是本科生佩戴的校徽。

丹青溢彩

丹青溢彩

元·王振鹏 《阿房宫图》
轴　绢本水墨
114 cm×56 cm

　　王振鹏，生卒不详。字朋梅，号孤云处士，永嘉（今浙江温州）人。官至漕运千户。擅界画，所作宫室，结构谨严，高下曲折，方圆平直，颇合营造法式，而用笔细劲，识者推为元界画之首。存世作品有《龙舟图》《伯牙鼓琴图》《阿房宫图》《金明池图》等。

元·赵孟頫《青绿山水》
手卷　绢本设色
350 cm×27.2 cm

赵孟頫（1254—1322），元初书画领袖。字子昂，号松雪道人、水精宫道人等，湖州（今属浙江）人。工书法，擅画。山水取法董源或李成，人物、鞍马师法李公麟和唐人。此图印不清，题"子昂"。任道斌认为此作与美国普林斯顿大学博物馆藏《谢幼舆丘壑图》风格相似，或系赵氏真品。

明·李之纲 《假山石》
轴　绢本水墨
159cm×88cm

李之纲，生卒不详。河南淮阳人。善画山水、怪石，兼长人物写生。

明·李芳 《山水》
轴 绢本设色
136cm×61cm

　　李芳，生卒不详。字继泉，号湘洲，泰州（今江苏泰州）人。嘉靖四十四年（1565年）进士，官给事中。善画，与文徵明为莫逆之交，山水亦宗之，但笔力不及。

清·袁江 《携妓东山图》
轴 绢本设色
167cm×70cm

袁江（1671-1746），字文涛，号岫泉。江都（今江苏扬州）人。雍正召入为祗侯。擅山水、楼台，清代界画第一。师仇英，山水属郭忠恕笔法及赵伯驹、刘松年青绿山水一脉。

清·黄慎 《八仙图》
轴 绢本设色
136cm×61cm

黄慎（1687－1768后），字恭寿，又字恭懋，号瘿瓢子，福建宁化人。"扬州八怪"之一。幼丧父，以卖画为生，奉养母亲。擅人物，所画多历史人物、佛道神仙、樵夫渔父。初学上官周，用笔工细，后参以怀素草书笔法。

清·赵昭 《仿唐寅仕女图》
轴 绢本设色
159cm×45cm

赵昭，字子惠，文俶之女。《国朝画征续录》作"字德隐"，吴县（今江苏苏州）人。平湖马班之妻。善诗、画，写生工秀，兰、竹不愧家学。中年夫家破，乃入空门，结庵西洞庭山香林，匿影二十余年。著有《侣云居遗稿》。

清·张藻 《风俗图》
轴 绢本设色
146 cm×45 cm

张藻，约清雍正至乾隆年间人。字于湘，江苏青浦（今上海青浦区）人。知县张之顼女，母为才女顾若宪，幼承母教。毕礼室尚书沅母，能诗词，学术渊纯。尝咏梅云："出身首荷东皇赐，点额亲添帝女装。"著有《培元堂集》。

清·朱偁 《花鸟》
轴 纸本设色
150cm×30cm

朱偁（1826-1900），早岁名琛，字觉未，号梦庐，别署鸳湖散人、玉溪外史、胥山樵叟等。浙江嘉兴人。工花鸟，初法张熊，暇辄借临，熊自识几不能辨。后法王礼。

清·李霞 《关公像》
轴 纸本设色
243 cm×118 cm

李霞（1871—1937），字云仙，号髓石子、抱琴游子。福建仙游人。擅人物、山水。常作历史人物及民间故事画、风俗画。均信笔挥洒，一气呵成，形神兼备。擅作关羽像，神威显赫，当时兴建华屋者，常求其作大幅画。吴昌硕称赞李霞是"人物第一家"。

蒲华（1832—1911），清末画家。原名成，字作英，号胥山野史、种竹道人等。浙江嘉兴人，与虚谷、吴昌硕、任伯年合称"清末海派四杰"。曾科举，中秀才，后绝仕途，专志创作，出游四方，鬻画为生。寓上海，性嗜酒，疏懒散漫，有"蒲邋遢"雅号。长于山水、花卉，水墨尤其佳，笔力雄健，淋漓酣畅。传世作品有《荷花图》《桐荫高士图》和《倚篷人影出菰芦图》等。

清·蒲华 《振衣千仞岗》
手卷 绫本水墨
198 cm×40 cm

姜筠（1847—1919），晚清画家。字颖生，别号大雄山民。安徽怀宁人。光绪十七年（1891年）举人，官礼部主事。山水专学王翚，笔墨浓厚，殊乏清疏之气。书法苏轼，兼善篆刻。

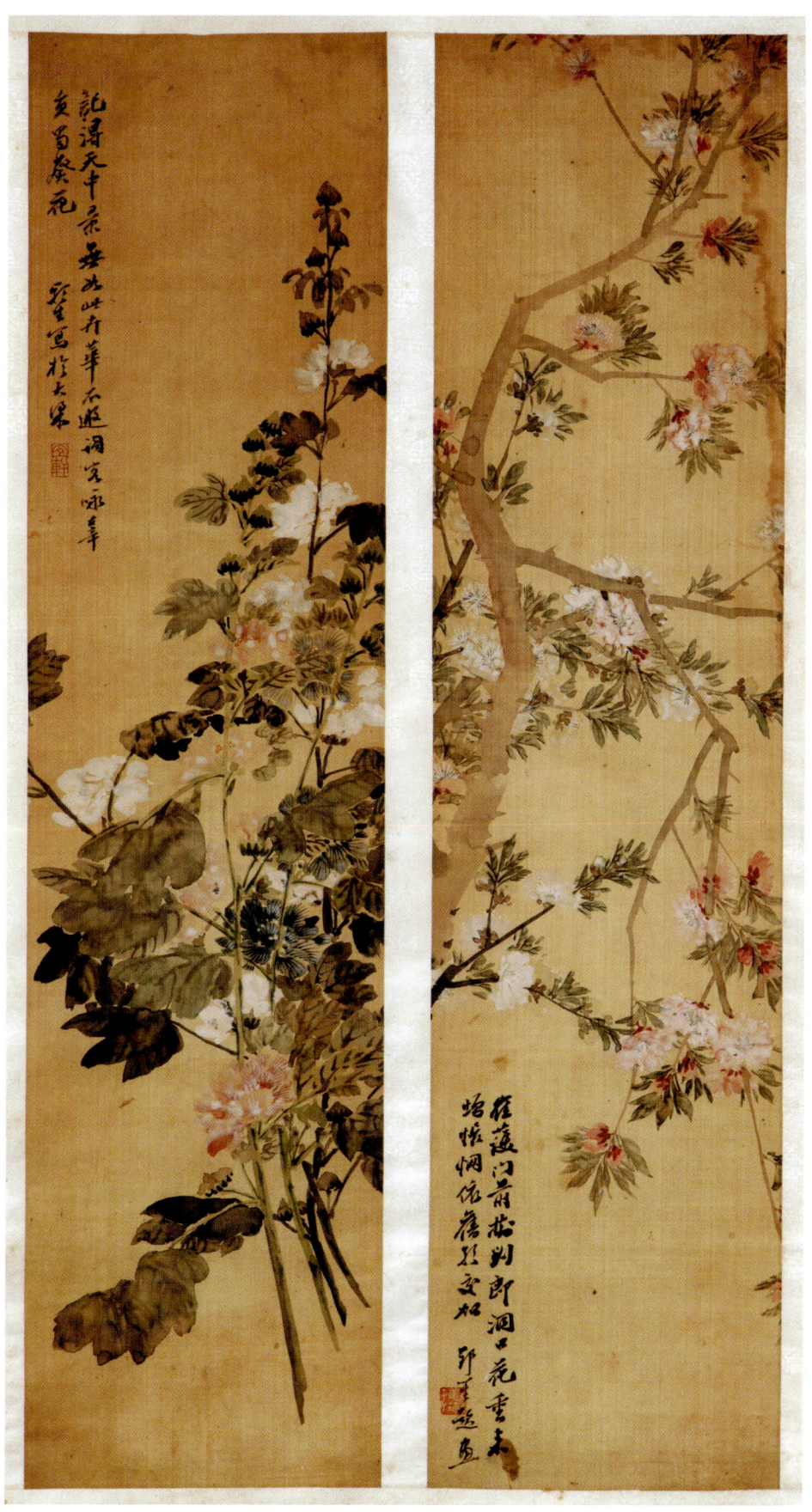

清·姜筠 《花卉四屏》
轴 绢本设色
125 cm×46 cm

黄山寿（1855－1919），晚清画家。原名曜，字旭初，晚号旭迟老人。江苏武进人。书工唐隶、魏碑，拟郑燮、恽寿平笔意，得其神韵。画则人物、山水、花鸟无一不能。凡写人物侍女，喜用工笔重彩，隽雅研秀；山水以青绿为多，气韵古逸；间作墨梅、竹石，挥洒自如，亦具韵致。

清·黄山寿 《花鸟四屏》
轴 纸本设色
130 cm×34 cm

现当代·齐白石 《瓜豆图》
轴　纸本设色
105 cm×33 cm

　　齐白石的这幅《瓜豆图》，寓意"种瓜得瓜、种豆得豆"，画中三节竹子，也寓意节节高升、禄寿三星高照。这是他晚年送给侯镜如的画作。2014年6月侯镜如后人侯伯文赠送给学校。

现当代·齐白石 《葡萄》
轴 纸本设色
104cm×34cm

齐白石（1864—1957），原名纯芝，字渭清，后改名璜，字濒生，号白石，别号白石山人等。湖南湘潭人。画师徐渭、朱耷、石涛、吴昌硕等。晚年画风遽变，重视创造，形成独特艺术风格。工瓜果菜蔬、花鸟虫鱼，亦画山水、人物。晚年画虾称绝。

现当代·黄宾虹 《江行杂咏图》
轴 纸本设色
111cm×41cm

黄宾虹（1865-1955），名质，字朴存，别署予向、虹叟等。安徽歙县人。工书画，尤精山水、花鸟。精金石、书法、篆刻之学，对画论画史尤有研究。和齐白石并称"北齐南黄"。

现当代·郑午昌 《山水》
轴 纸本设色
135cm×67cm

郑午昌（1894—1952），名昶，号弱龛、丝鬓散人，以字行，浙江嵊县（今嵊州）人。擅山水、花卉，尤工柳树、白菜。亦擅诗词、书法。精画学理论。曾任中华书局美术部主任，先后任教杭州艺专、上海美专及新华艺专，组织蜜蜂书社，出版《蜜蜂画报》，创立中国画会。

现当代·张善孖 《虎图》
轴　纸本设色
147cm×78cm

张善孖（1882—1940），名泽，字善，一作善子，又作善之，号虎痴，四川内江人。张大千的二哥，画虎大师。美国空军上校陈纳德率美空军志愿队援华作战抗日，张善孖嘉其行，画《飞虎图》赠陈纳德。陈纳德将志愿队改名为"飞虎队"，并按《飞虎图》做了许多旗帜和徽章分发部下，以鼓舞士气。

现当代·张大千 《仕女图》
轴　纸本水墨
95cm×37cm

张大千（1899—1983），原名正权，后改名爰，又名季爰，号大千，别号大千居士、下里巴人。四川内江人。工书画、诗文、篆刻，山水花鸟、虫鱼走兽，无不精工。先师古人书画，后学西人笔法，画风工写结合，重彩水墨相融，独创泼墨山水。

现当代·溥心畬 《山水》
轴　绢本设色
94cm×34cm

溥心畬（1896—1963），本名爱新觉罗·溥儒，字心畬，是清道光帝的曾孙，恭亲王奕訢之嫡孙，号西山逸士，被称为"旧之王孙，今之逸士"。1934年，经黄郛引荐在国立北平艺专任教。在抗日战争期间，以卖书画为生。1949年去台湾，曾任教于台湾省立师范大学艺术系。著有《四书经义集证》等书。

现当代·黄君璧 《嘉陵江畔图》
轴　纸本设色
94 cm×57 cm

黄君璧（1889－1991），本名韫之，别名允瑄，号君翁、君璧。广东南海（今佛山市南海区）人。1919年毕业于广东公学，后从师李瑶屏学国画。擅山水，有极深的传统功底。曾设白云堂授徒，被尊为"多士师表"。作品长于飞瀑、流泉、霜林，亦能作工笔侍女和花鸟。

现当代·林风眠 《鹰图》
轴 纸本设色
41 cm×37 cm

林风眠（1900—1991），现代画家、美术教育家，广东嘉应（今梅州）人。原名凤鸣，又名绍勤。他曾赴法国勤工俭学，先后就学于第戎美术学院和巴黎高等美术学院。1928年创办国立艺术院（后改名国立杭州艺术专科学校），任校长。擅油画、水粉画、中国画，他的绘画实践走了一条中西结合的独特道路。

现当代·丰子恺 《胜利之日》
轴 纸本设色
48 cm×32 cm

丰子恺（1898-1975），号子恺。浙江桐乡人。现代画家、散文家、美术教育家、音乐教育家和翻译家。他文风雍容恬静，漫画多以儿童为题材，幽默风趣，映射现实。出版有《丰子恺文集》和《护生画集》（与弘一等编绘）等。

现当代·于非闇 《燕子花》
轴　纸本设色
66cm×35cm

于非闇（1887—1959），名照，字非厂、非闇，号闲人，山东蓬莱人，久居北京。清末贡生，为华北名记者。工书，擅瘦金体，兼能治印。画花木禽鱼，取法两宋院体，雕青嵌绿，富丽绚烂。白描兰竹、水仙，尤为清逸。新中国成立后任北京中国画院副院长，中国画研究会副会长。

现当代·溥佺、溥佐、启功、汪熔合作 《仕女图》
轴　纸本设色
96 cm×40 cm

溥佺（1913—1991），字松窗，号雪溪，笔名尧仙、健斋。贝勒载瀛第六子。自幼于家中习画，受父兄影响颇深。新中国成立前在辅仁大学美术系、国立艺专和北京大学任教。新中国成立后，逐渐成为北京地区书画界具影响力的人物。喜绘墨竹、山水之作，颇得五代和宋元画家笔意，风格雅致、清远、豪迈。

现当代·李苦禅 《爱屋及乌图》
轴 纸本水墨
66 cm×45 cm

李苦禅（1899—1983），原名李英杰，一说李英，艺名苦禅，号励公。现代大写意花鸟画家、书法家、美术教育家。工书画，尤精花鸟。他吸收石涛、八大山人、吴昌硕、齐白石等前辈技法，并熔中西技法于一炉，具有笔墨厚重豪放、气势磅礴逼人、形象洗练鲜明的独特风格。代表作有《红梅怒放图》《墨竹图》和《盛夏图》等。

现当代·钱松喦 《太湖渔乐图》
轴 纸本设色
79cm×48cm

钱松喦（1899—1985），又名松岩，喦庐主人。江苏宜兴人。自由跟随父亲学习诗文书画，长于山水，早年师石涛、石溪、唐寅，又习西洋画技法。曾长途旅行写生十余次，勇于创新，富时代感和浓郁生活气息。1957年后历任江苏省国画院画师、院长等。

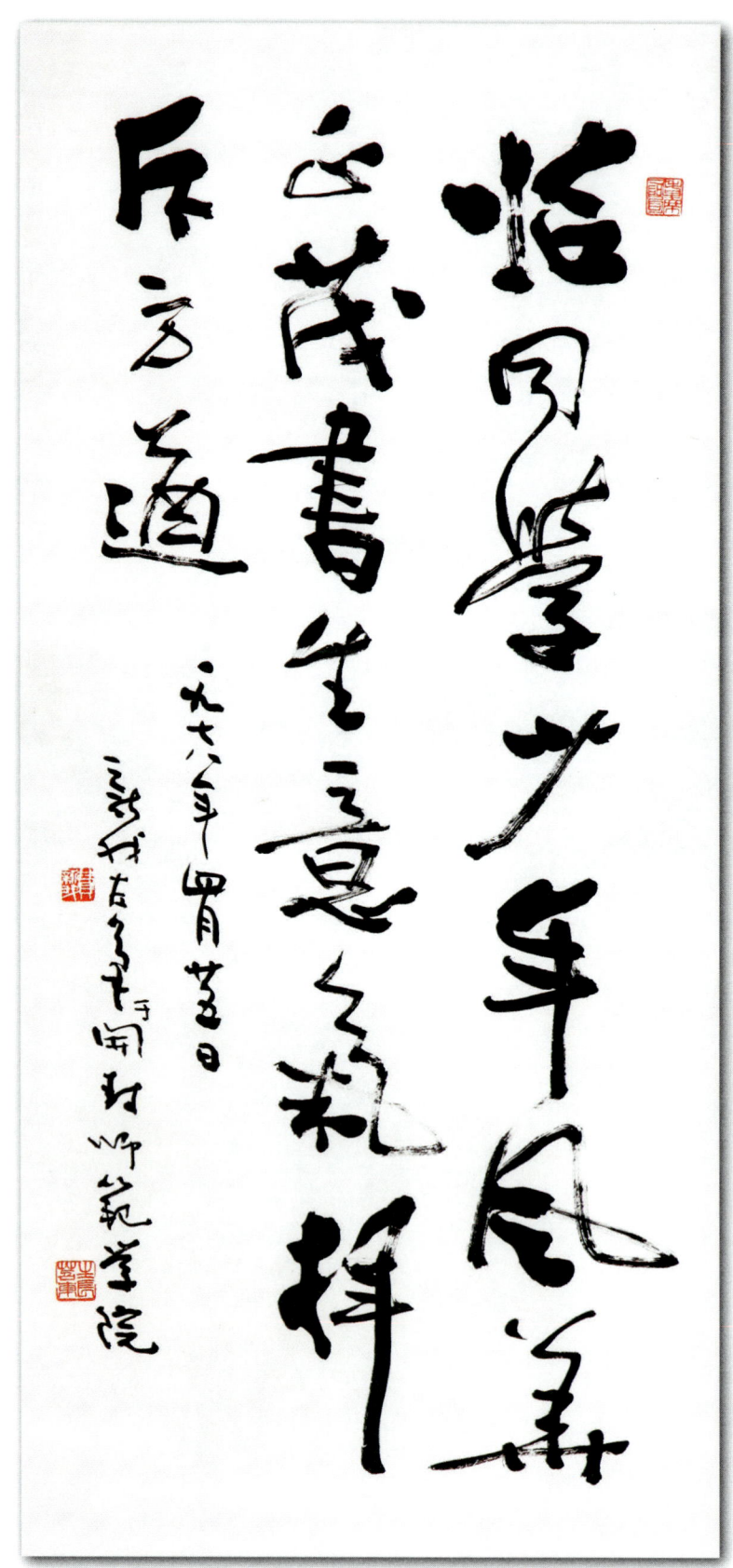

现当代·费新我 《恰同学少年》
轴　纸本书法
136 cm×67 cm

费新我（1903-1992），字立千，号立斋，后改名新我。湖州南浔双林镇人。他是用左腕运笔而名闻遐迩的当代著名书法大师，其隶书古拙，楷书敦厚，行草参以画意。作品有长卷《刺绣图》《草原图》等。

现当代·傅抱石 《山水》
轴　纸本设色
150cm×40cm

傅抱石（1904-1965），原名长生、瑞麟，号抱石斋主人。江西新余人。工书画，尤精山水、人物。山水法石涛，自成一格，独创抱石皴。人物画师顾恺之、陈老莲，融山水技法于人物画。善用浓墨、渲染，融水、墨、彩为一体。代表作有《丽人行》《韶山组画》等。

现当代·关山月 《棕树图》
轴 纸本设色
130 cm×65 cm

关山月（1912－2000），原名泽霈。广东阳江人，善国画，工山水。早年拜师"岭南画派"的奠基人高剑父，其作品吸收水彩画之长，与国画创作熔为一炉，独成风格。曾任广州美术学院教授兼院长、国画系主任，中国美术家协会副主席等职。代表作品有《江山如此多娇》（与傅抱石合作）等。

现当代·谢稚柳 《水仙图》
轴 纸本设色
72 cm×37 cm

谢稚柳（1910－1997），书画家，书画鉴定家。名稚，字稚柳，晚号壮暮翁，江苏武进（今常州）人。新中国成立后，任职于上海文物管理委员会，担任国家文物局古代书画鉴定组组长。著有《敦煌艺术叙录》《鱼饮诗稿》等。

现当代·黄胄 《新疆少女》
轴 纸本设色
76cm×33cm

黄胄（1925－1997），原名梁黄胄，河北蠡县人。历任西北师范学院艺术系讲师、中国人民解放军总政治部创作员，中国画研究院副院长等职。擅中国画，精速写。创作了许多反映少数民族聚居区风土人情的绘画作品，尤善画驴。其画风热辣，个性鲜明。有《黄胄作品选集》《黄胄速写集》《百驴图》等。

现当代·方增先 《粒粒皆辛苦》
纸本设色
95 cm×56 cm

方增先（1931—2019），浙江兰溪人。历任上海美术馆馆长、中国美术家协会常务理事、上海市美术家协会主席等。他所作人物形象，神态生动，生活气息浓郁，后期更重笔情墨趣，画风趋于夸张、写意，是"浙派人物画"的代表人物。

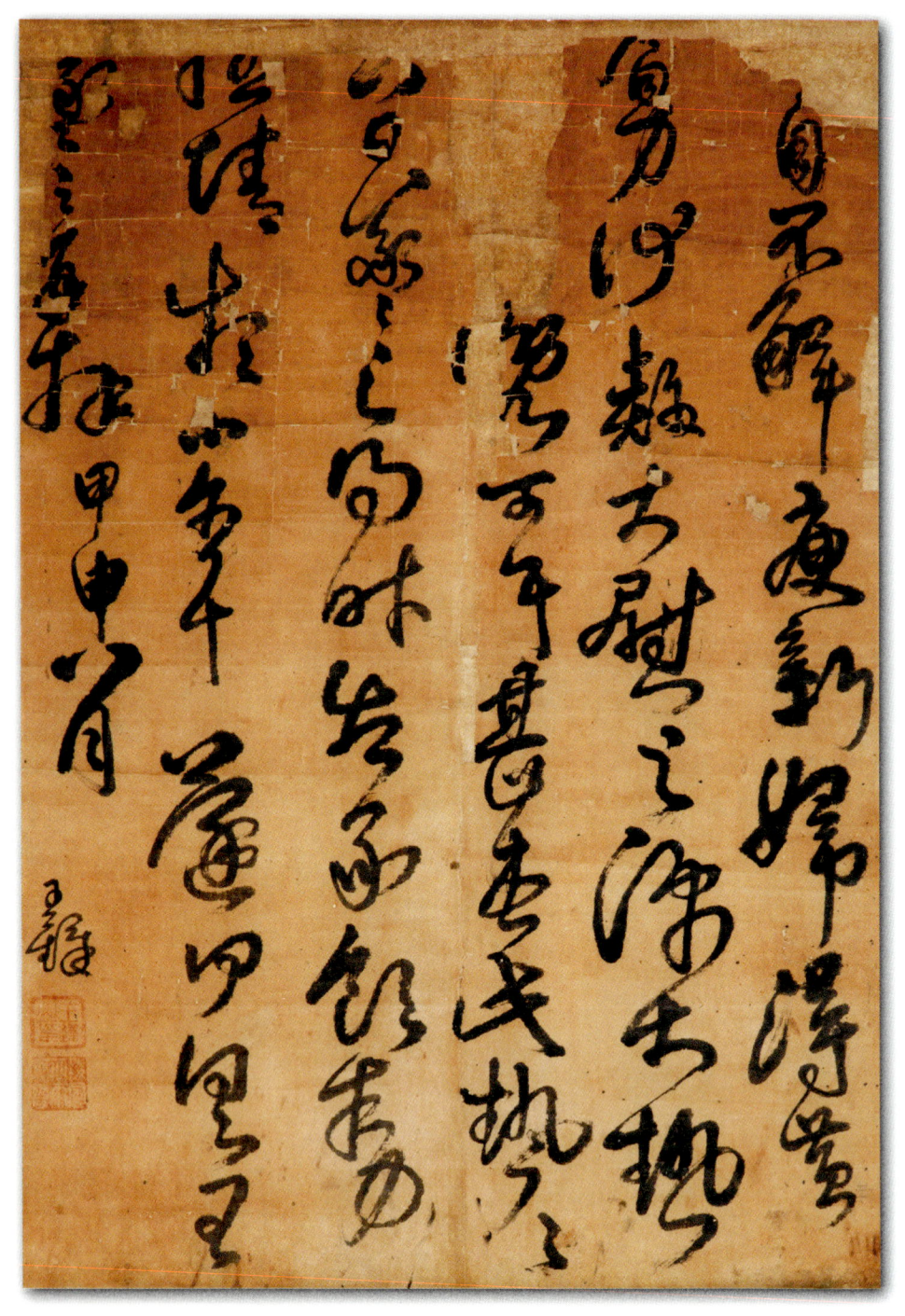

清·王铎
书法轴 绢本
126cm×84cm

王铎（1592-1652），明末清初人。字觉斯，号嵩樵，河南孟津人，官至礼部尚书。博学好古，工诗文，兼能山水、兰竹。艺术成就以书法最高，行草书宗王羲之、王献之，楷书师钟繇亦多自出胸臆，有《拟山园帖》存世。

清·宋荦
书法轴　纸本
130 cm×58 cm

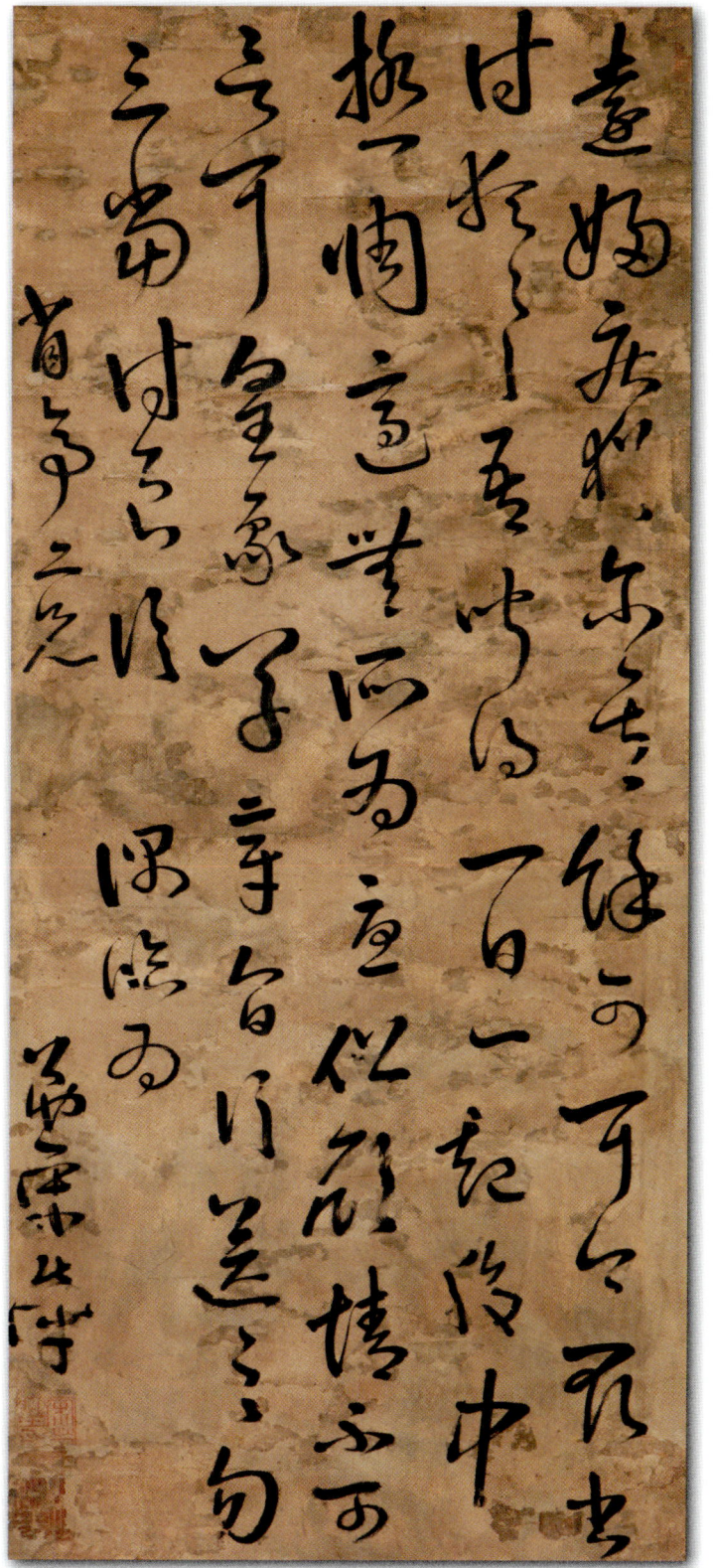

宋荦（1634-1713），清代诗人、画家、政治家。字牧仲，号漫堂。归德府（今河南商丘）人。官至吏部尚书。宋荦为官正直，被康熙帝誉为"清廉为天下巡抚第一"。笃学博闻，能诗文，工书画，精鉴赏，尤以诗享盛誉于清初文坛。编著有《西陂类稿》《漫堂说诗》等。

清·王文治
书法轴　纸本
173cm×32cm

王文治（1730—1802），清书法家、文学家。字禹卿，号梦楼，丹徒（今江苏镇江）人。官至翰林院侍读、云南姚安府知府。曾参与编辑《四库全书》。王文治工诗文，善书法，从王文治传世书法来看，其飘逸婉柔的点画和妩媚匀净的结体，透露出与笪重光、董其昌二人书法的传承关系。他的书迹有《书唐寅诗行书轴》《行书题刘松岚湘花图卷》《行书论书立轴》等。

清·翁方纲
书法轴　纸本
94 cm×64 cm

翁方纲（1733—1818），字正三，号覃溪，晚号苏斋。直隶大兴（今属北京）人。官至内阁大学士。精考据、金石；书精楷、隶，与刘墉、梁同书、王文治齐名。他的传世书迹有《隶书六言联》《行书七言联》《行书绛帖跋》等。

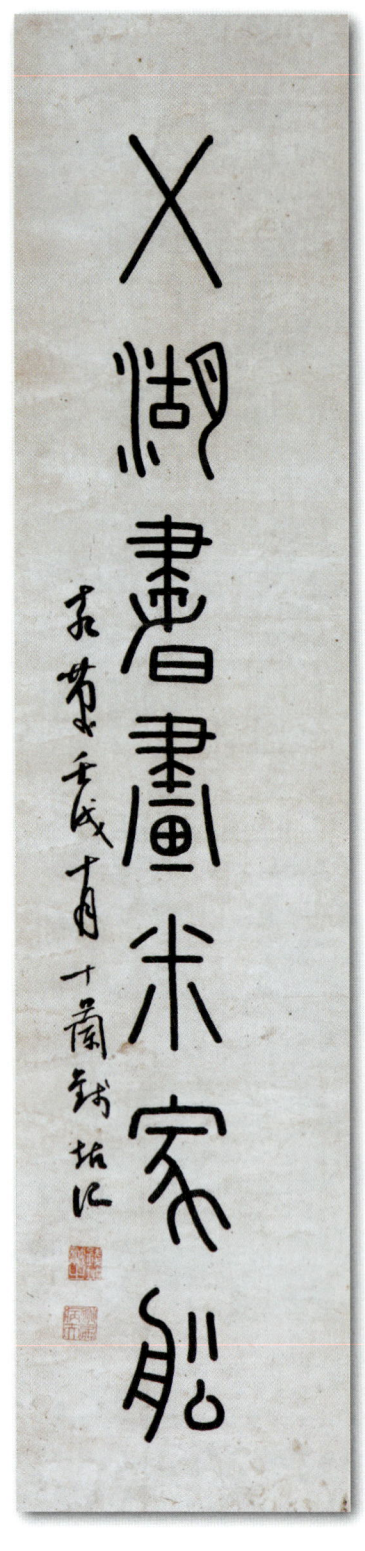

清·钱坫
篆书联 纸本
126 cm×29 cm

钱坫（1744—1806），江苏嘉定（今属上海嘉定区）人。字献之，号小兰、十兰。钱大昕之侄。乾隆三十九年（1774）举人，累官知乾州，兼署武功县。精训诂，明舆地，尤工小篆。间亦作画，其墨梅有寒瘦清古之致。著有《说文解字诠》等。

清·吴大澂
篆书轴　纸本
146 cm×36 cm

吴大澂（1835—1902），初名大淳，字止敬，号恒轩，江苏吴县（今苏州）人。同治七年（1868年）进士，官至广东和湖南巡抚。善画山水、花卉，精于篆书。晚年主讲龙门书院，对金石学和古文字学有深入研究。

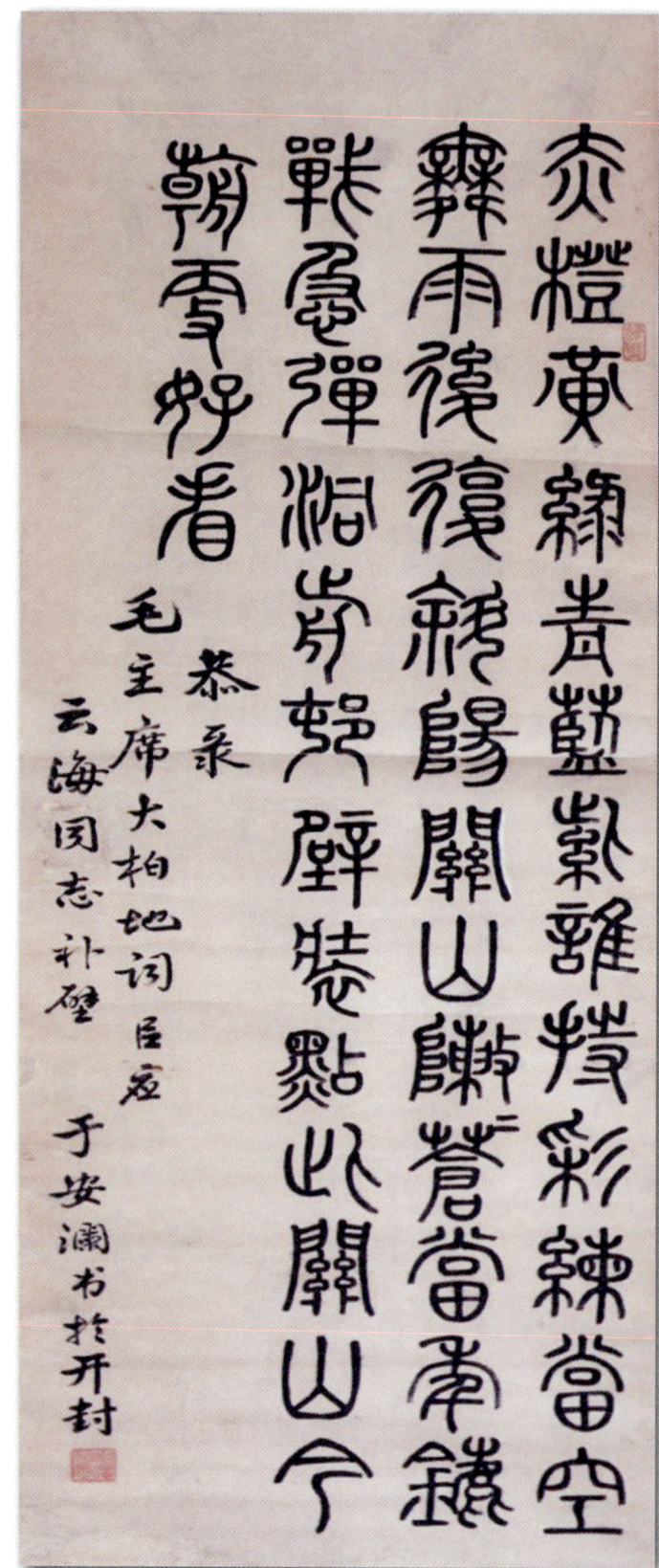

现当代·于安澜　毛主席《大柏地词》
纸本
112cm×33cm

于安澜教授赠给王云海教授的一幅中堂，内容为毛泽东词《菩萨蛮·大柏地》："赤橙黄绿青蓝紫，谁持彩练当空舞？雨后复斜阳，关山阵阵苍。当年鏖战急，弹洞前村壁。装点此关山，今朝更好看。"于安澜（1902－1999），河南滑县人。燕京大学研究院毕业，历任平原师范学院教授、河南大学中文系教授。王云海（1924－2000），江苏沛县人。1949年毕业于江苏学院法律系，后为河南大学历史系教授。

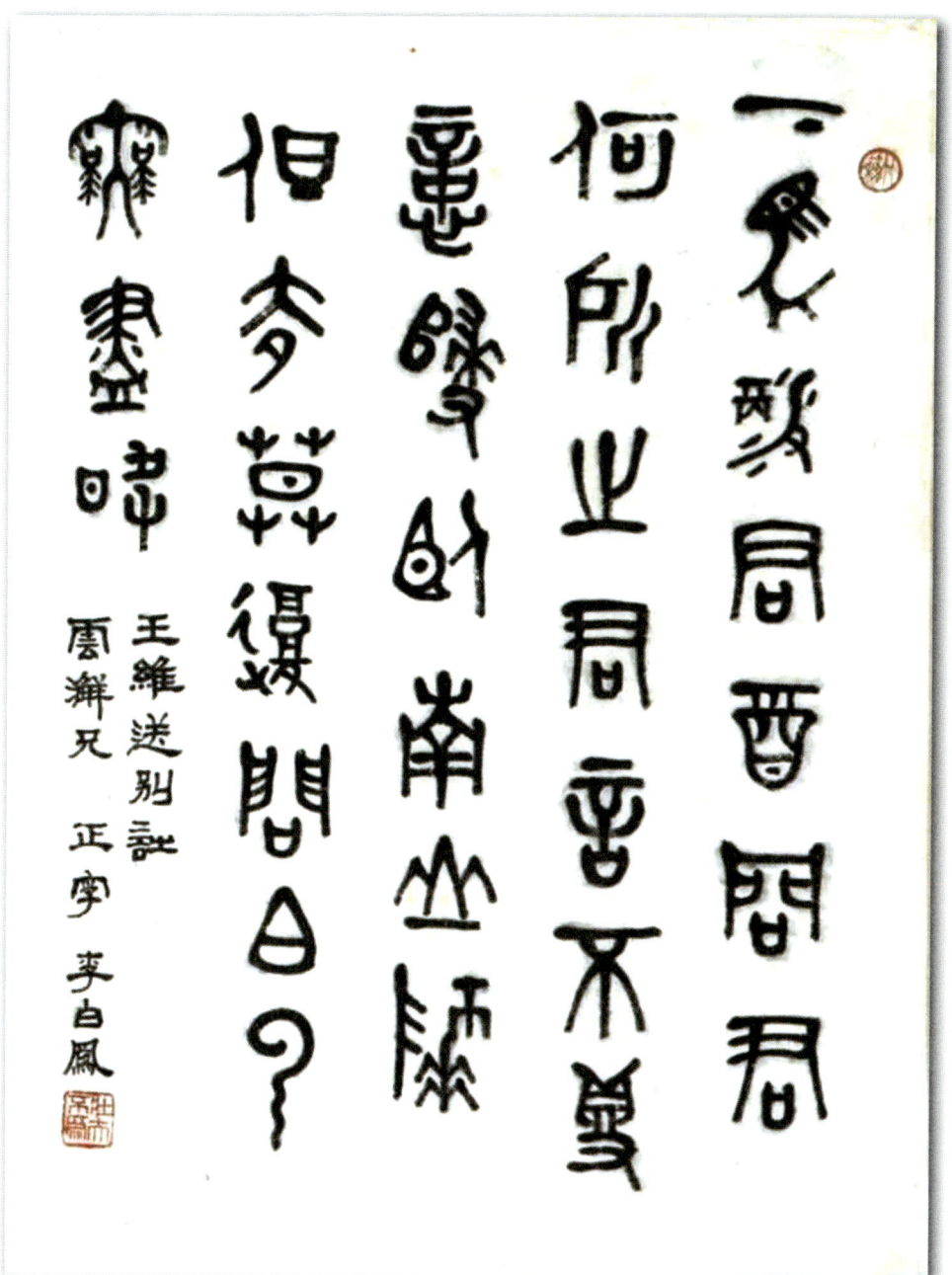

现当代·李白凤　王维《送别》
纸本
58 cm×28 cm

李白凤教授赠给友人的一幅中堂,内容为王维《送别》:"下马饮君酒,问君何所之?君言不得意,归卧南山陲。但去莫复问,白云无尽时。"李白凤,河南大学中文系教授。

现当代·侯培显　《松高寒士图》
纸本
105 cm×31 cm

　　这幅《松高寒士图》是著名画家侯培显仿石田画法创作的一幅山水图。侯培显，现当代著名画家，毛泽东收藏的120幅画作中就有他的作品。侯镜如（1902—1994），河南永城人，河南留学欧美预备学校（河南大学前身）第一届学生，1924年考入黄埔军校第一期。中华人民共和国成立后，历任国务院参事、中华人民共和国国防委员会委员、北京市政协副主席、全国政协副主席等职。2014年6月侯镜如后人侯伯文赠送给学校。

册府英华

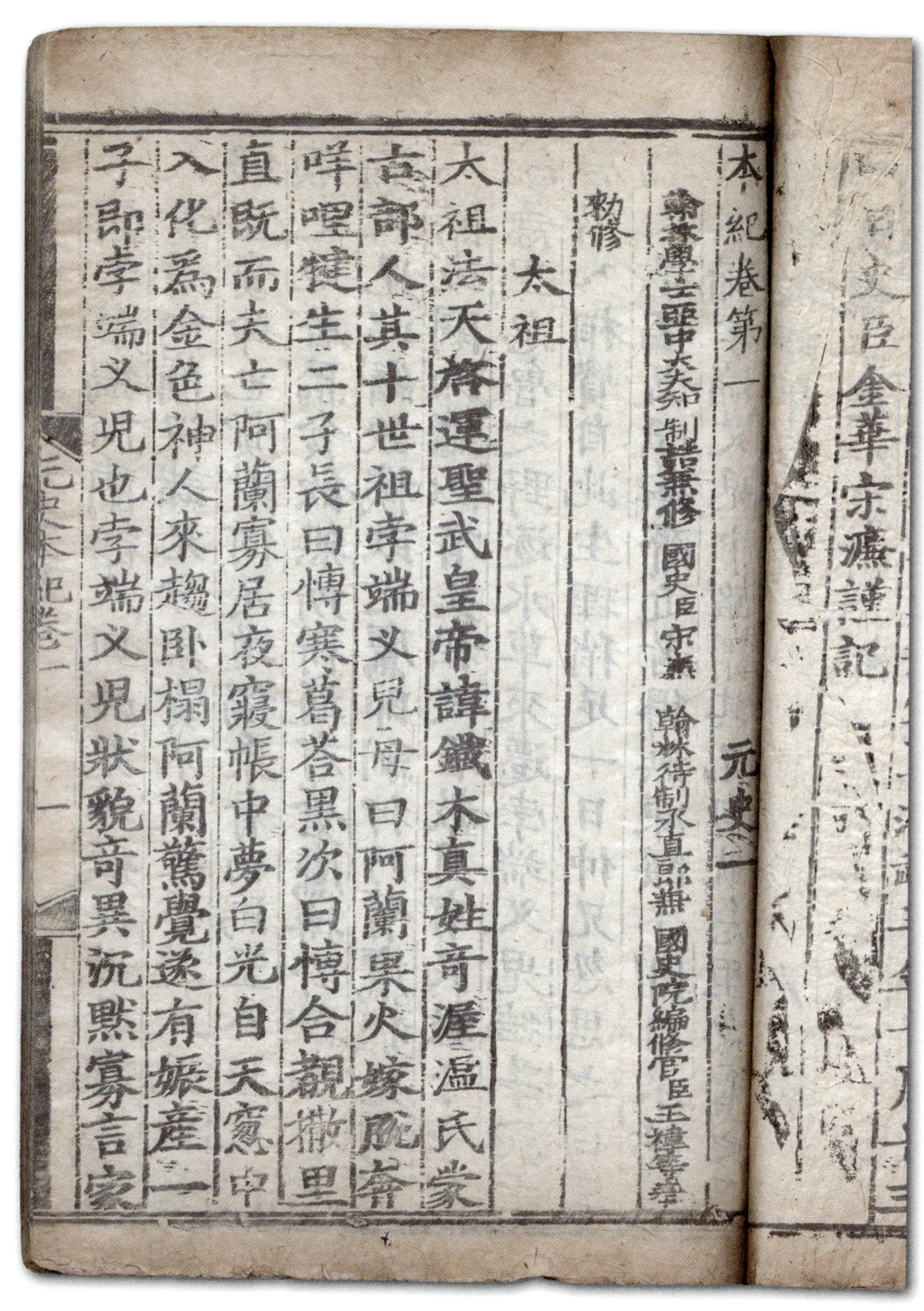

明·宋濂等撰 《元史》
二百一十卷目录二卷
26.2cm×16.8cm

明洪武内府刻嘉靖万历南京国子监递修本。凡三十六册。半叶十行，行二十字。粗黑口，四周双边。收入第二批国家珍贵古籍名录。

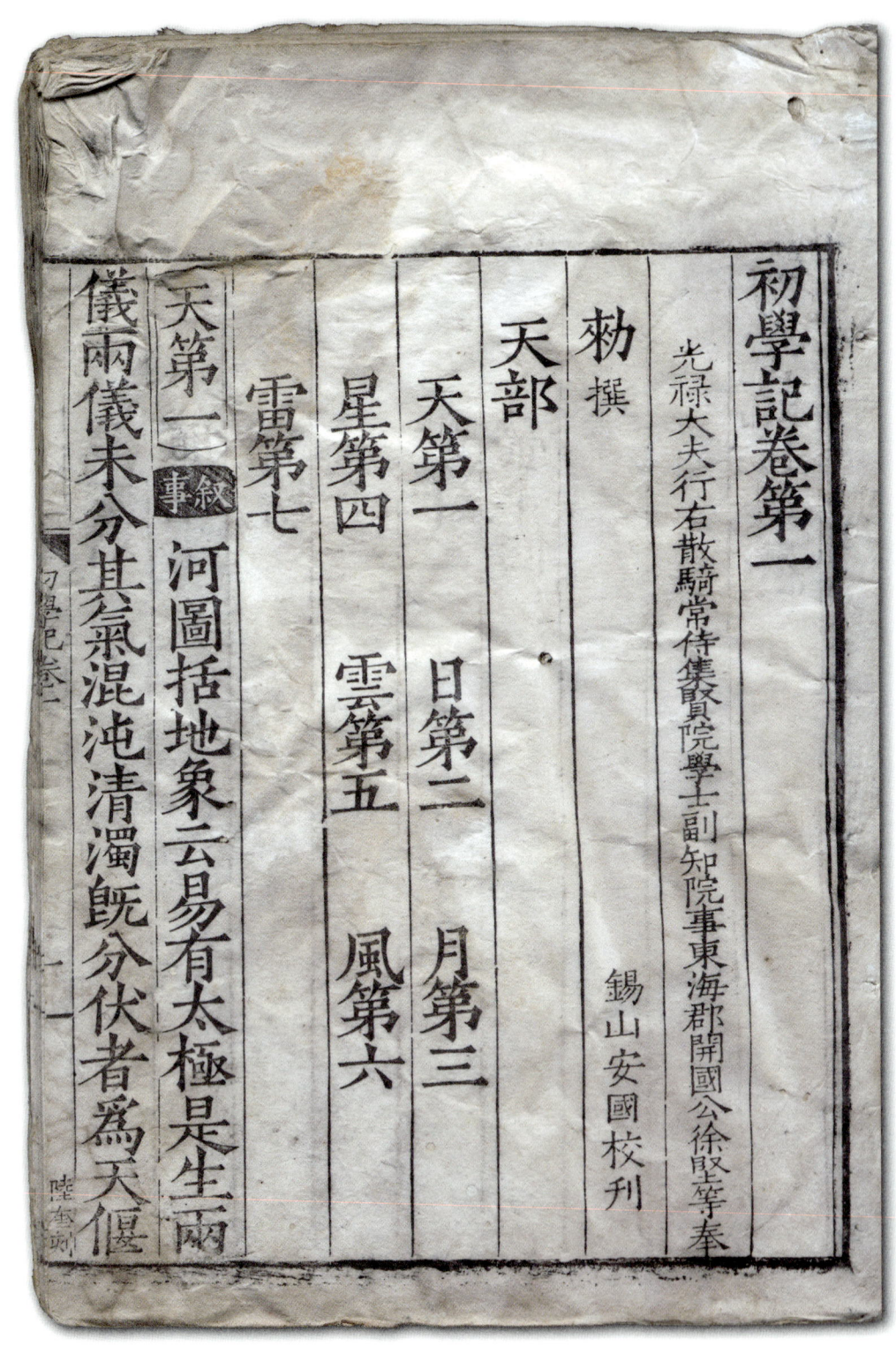

唐·徐坚撰 《初学记》
三十卷
21cm×16cm

明嘉靖锡山安国桂坡馆刻本。凡二十四册。半叶九行，行十八字，小字双行，行二十四字。白口，左右双边。收入第一批国家珍贵古籍名录。

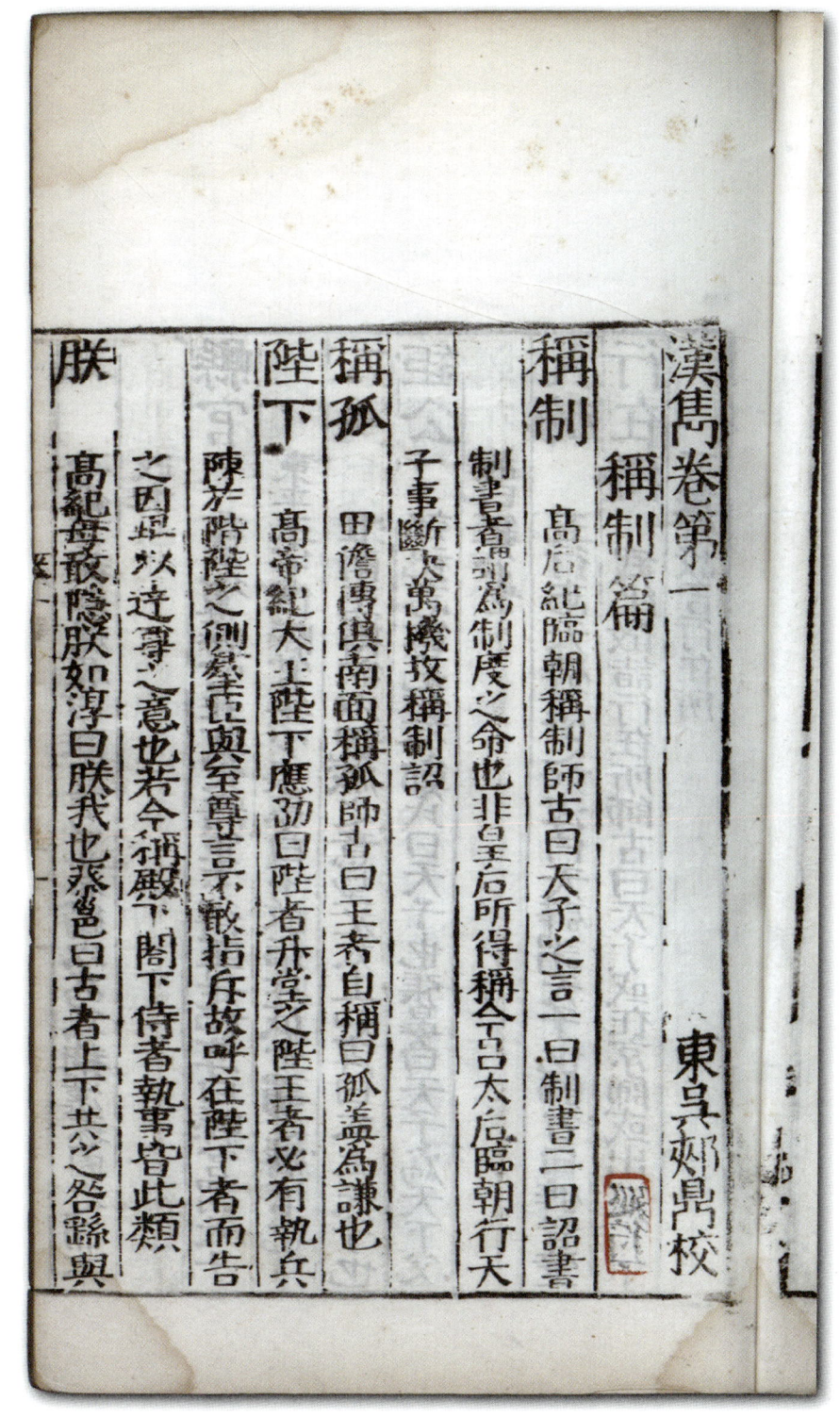

宋·林越撰，明·郏鼎校 《汉隽》
十卷
19.7cm×14.3cm

明嘉靖刻本。凡四册。半叶十行，行二十四至二十六字不等。白口，四周单边。收入第一批国家珍贵古籍名录。

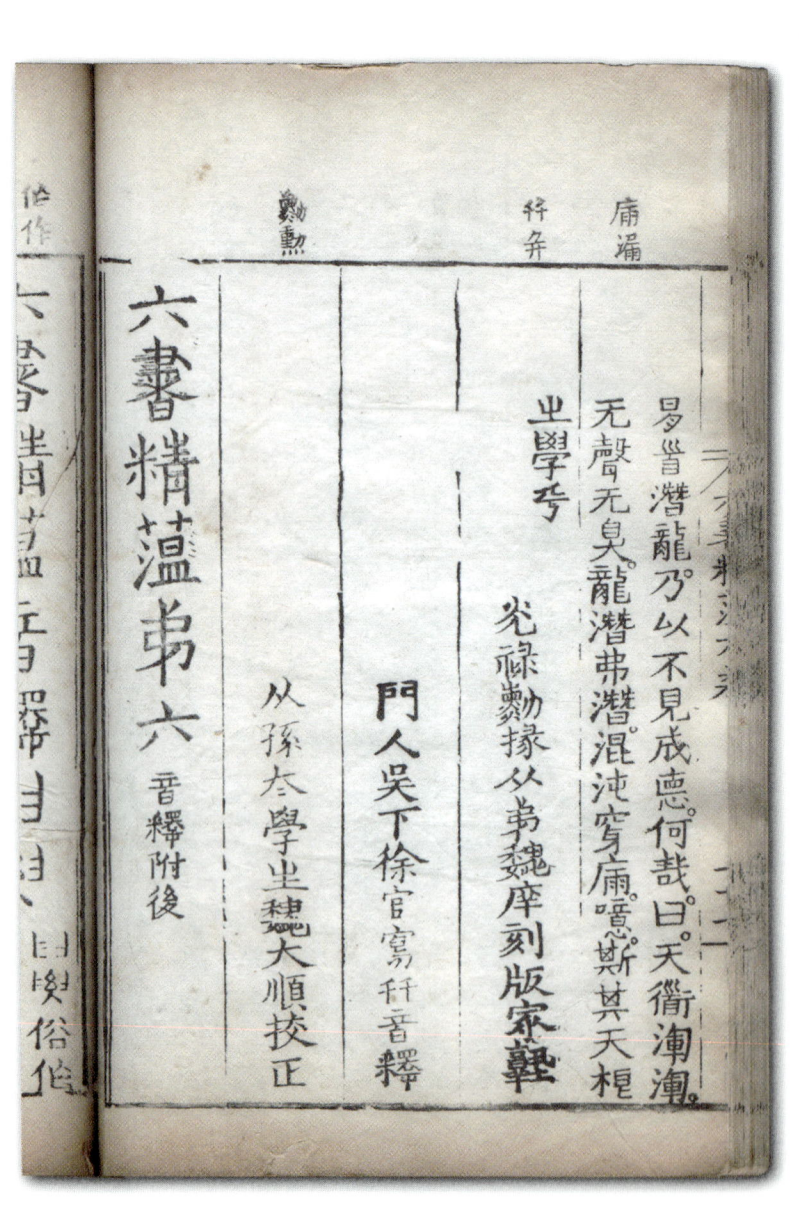
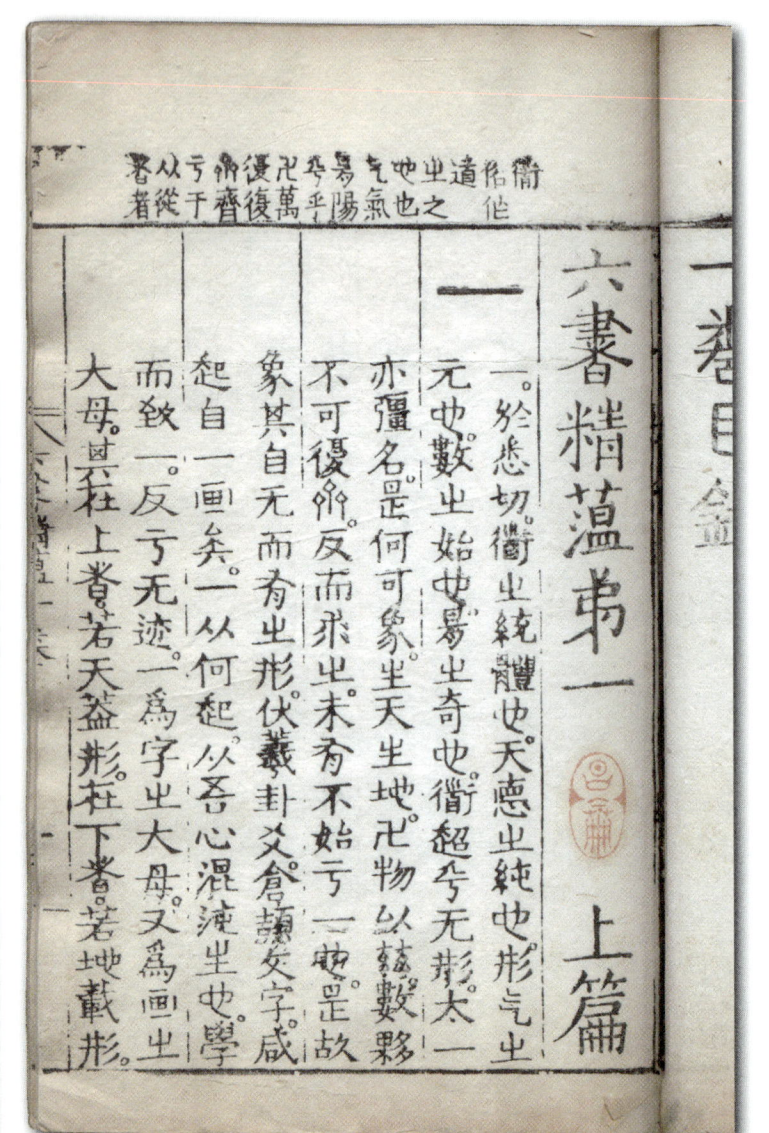

明·魏校撰《六书精蕴》六卷
附 明·徐官撰《音释举要》一卷
18.5cm×13.5cm

明嘉靖魏希明刻本。凡十二册。半叶五行，行字数不一。细黑口，左右双边。收入第一批国家珍贵古籍名录。

明嘉靖二十九年（1550年）刻本。凡一册。半叶十行，行二十字。白口，左右双边。收入第四批国家珍贵古籍名录。

唐·储光羲撰　《唐储光羲诗集》
五卷
19.6cm×14cm

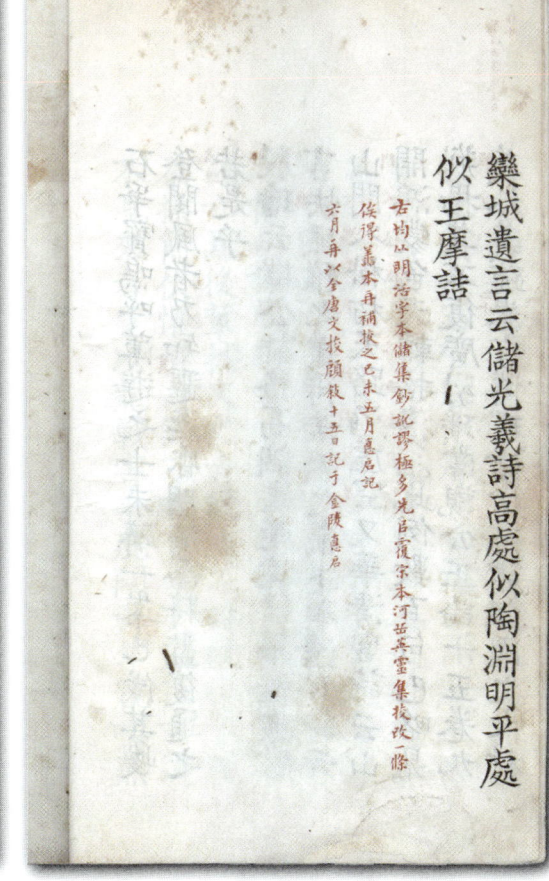

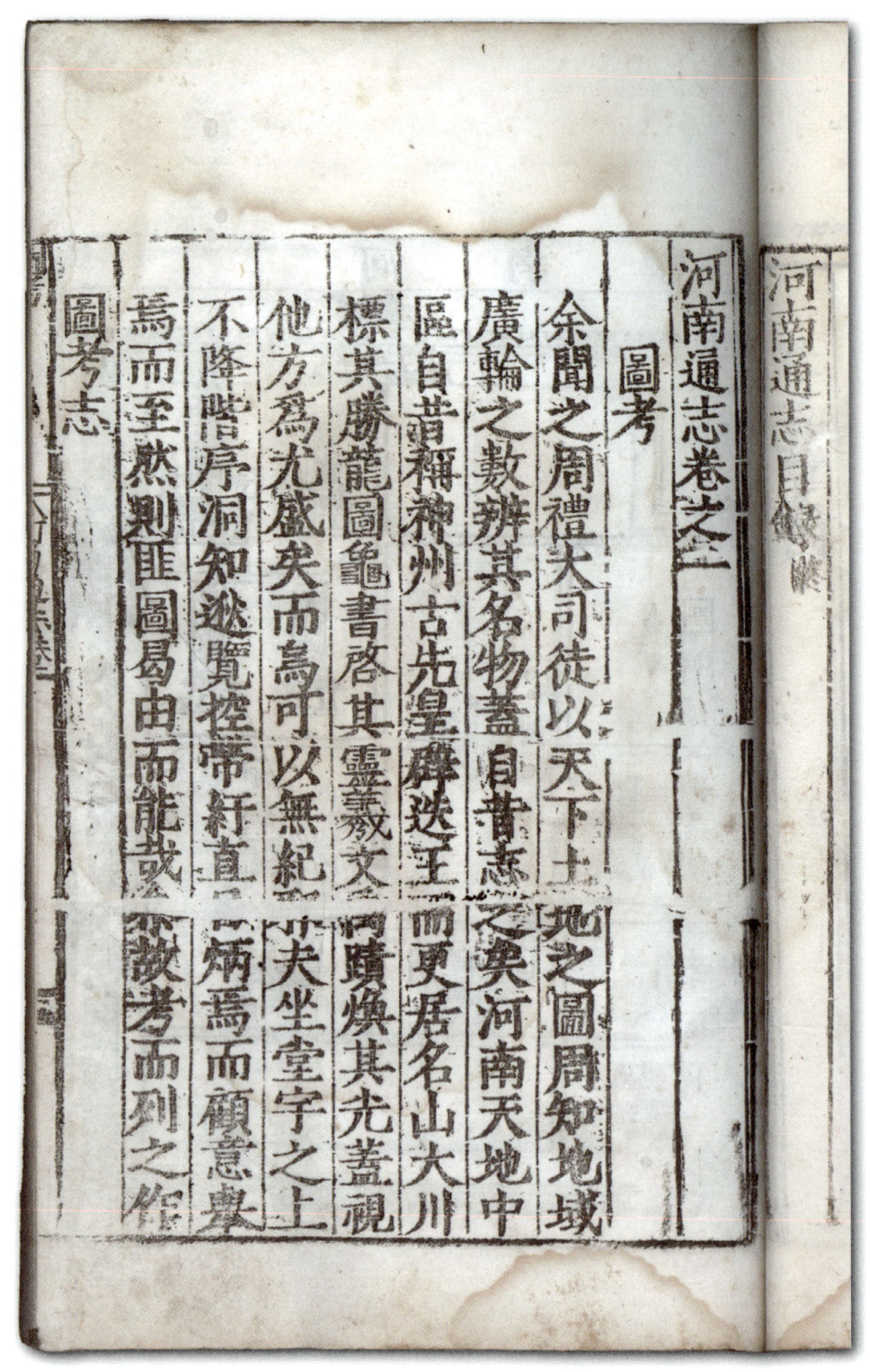

明·邹守愚修，明·李濂纂 《河南通志》
四十五卷
21.9cm×15.5cm

明嘉靖刻本。凡十二册。半叶十行，行二十字，小字双行，行四十字。白口，左右双边。收入第一批国家珍贵古籍名录。

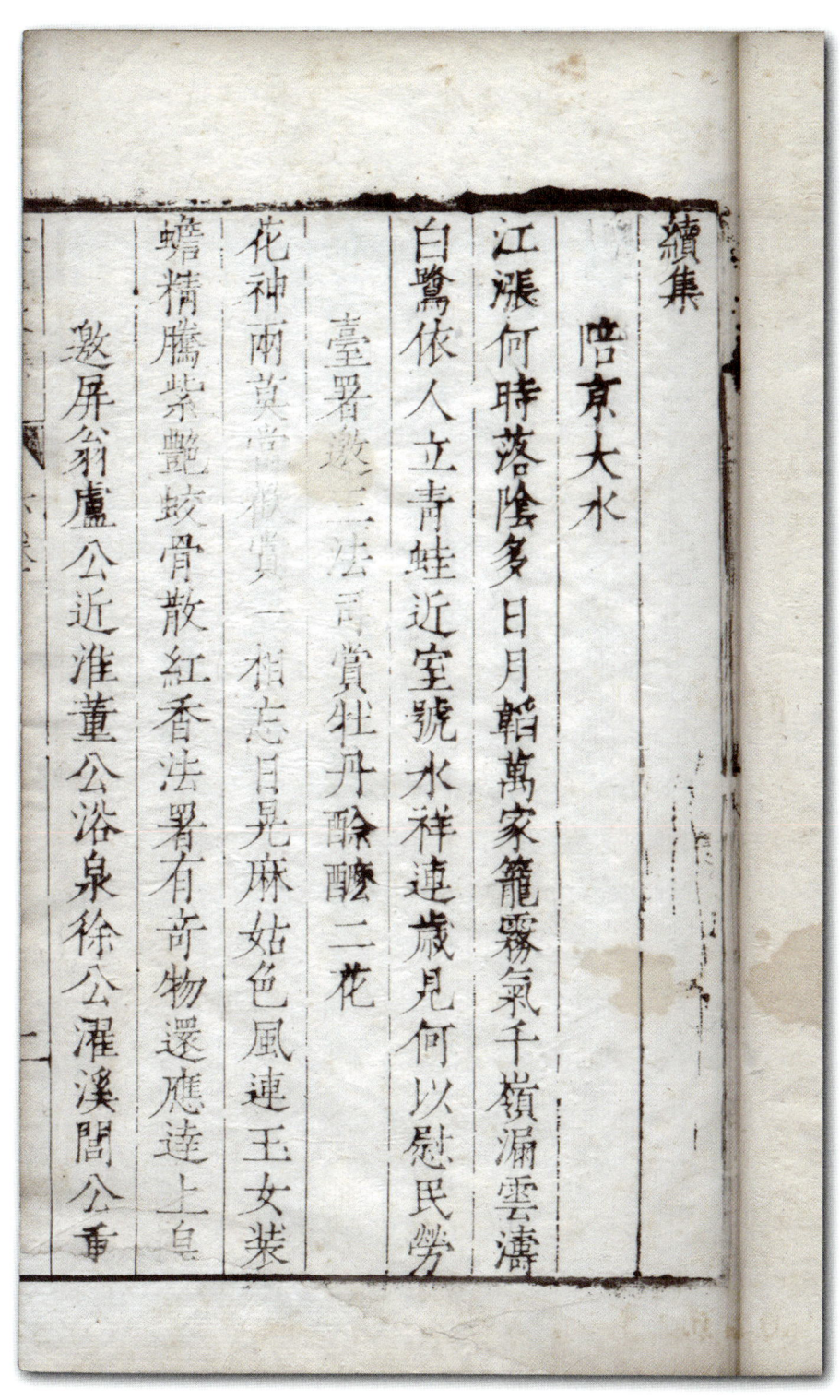

明·喻时撰 《吴皋先生续集》
四卷
20.4cm×13.4cm

明嘉靖四十五年（1566年）安希尧刻隆庆增修本。凡四册。半叶八行，行二十字。白口，四周单边。收入第四批国家珍贵古籍名录。

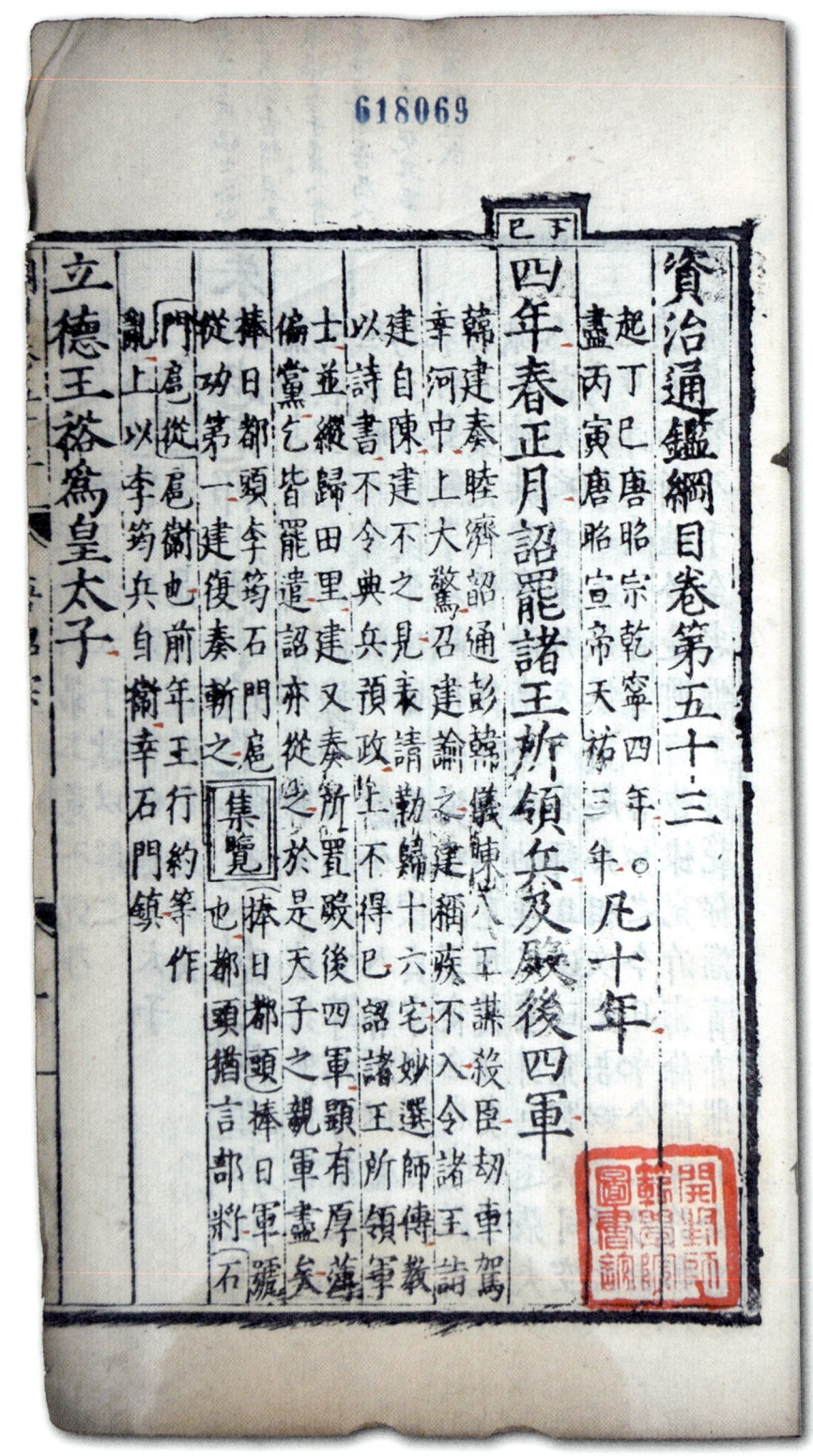

宋·朱熹撰 《资治通鉴纲目》
五十九卷
20.5cm×14.3cm

明嘉靖刻本。存三十七册。半叶九行，行二十字，小字双行，行十九字。白口，四周双边。收入第一批国家珍贵古籍名录。

詩緝卷之一

朝奉大夫臣嚴粲述

周南　國風

譜曰周名者禹貢雍州岐山之陽地名今屬右扶風美陽縣太王避狄難自豳始遷焉商王帝乙之初命其子王季爲西伯至紂又命文王典治南國江漢汝旁之諸侯文王作邑於豐乃命岐邦周召之地爲周公旦召公奭之采地武王定天下巡狩述職陳誦諸國之詩以觀民風俗得二公之德教尤純屬之太師分而國之謂之周南召南周公作樂用之鄉人焉用之邦國焉或謂之房中之樂者后妃夫人侍御於其君子女史歌之周公封魯召公封燕元子世之其次子亦世守采地在王官春秋時周公召公是也采音菜○疏曰緜言太王遷於周原召是周內

味經堂　詩緝卷之一　一

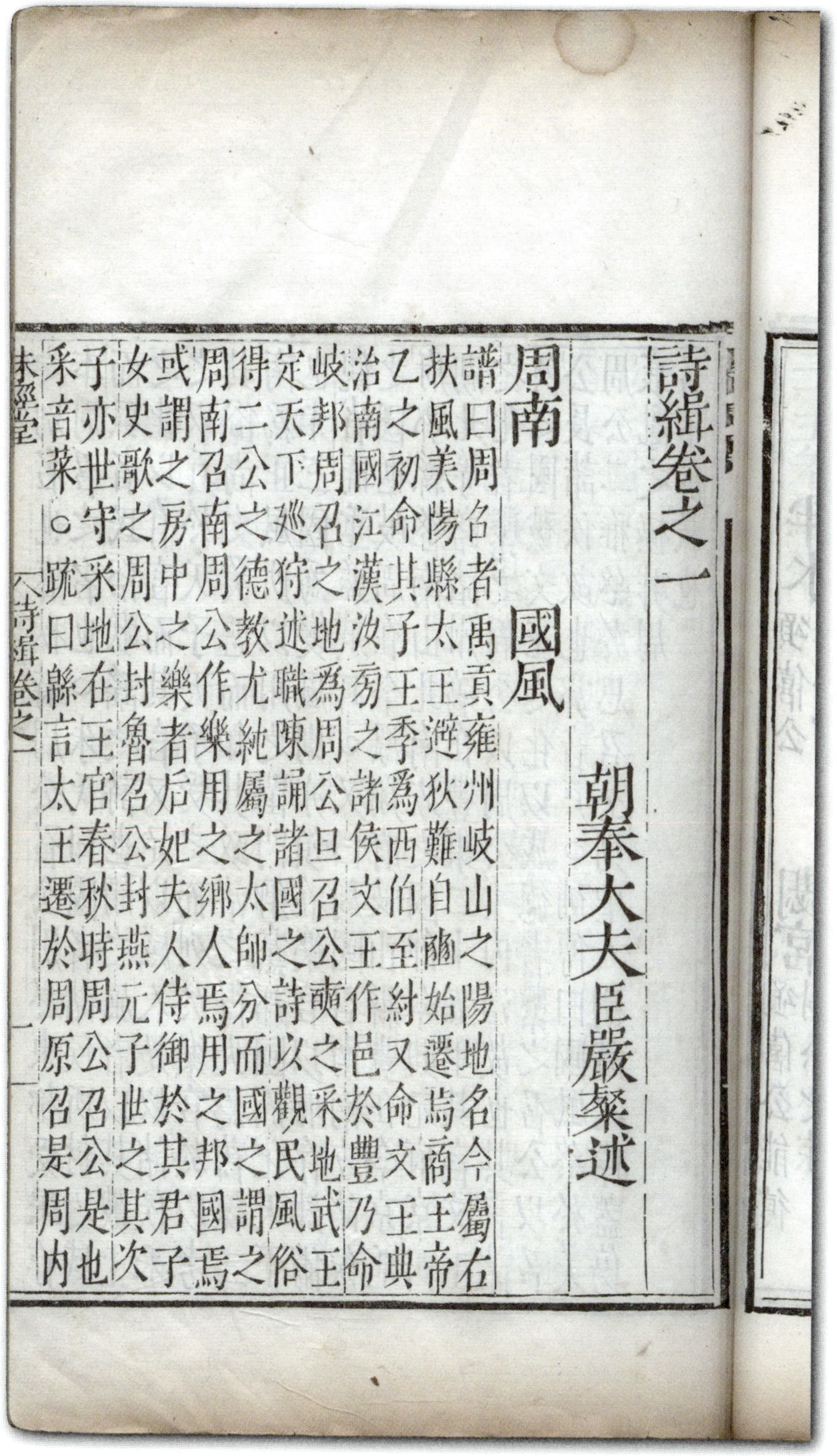

宋·严粲撰　《诗缉》

三十六卷

18cm×14.2cm

明嘉靖赵府味经堂刻本。凡十二册。半叶九行，行十七字，小字双行，行十八字。白口，白单鱼尾，四周双边。收入第一批国家珍贵古籍名录。

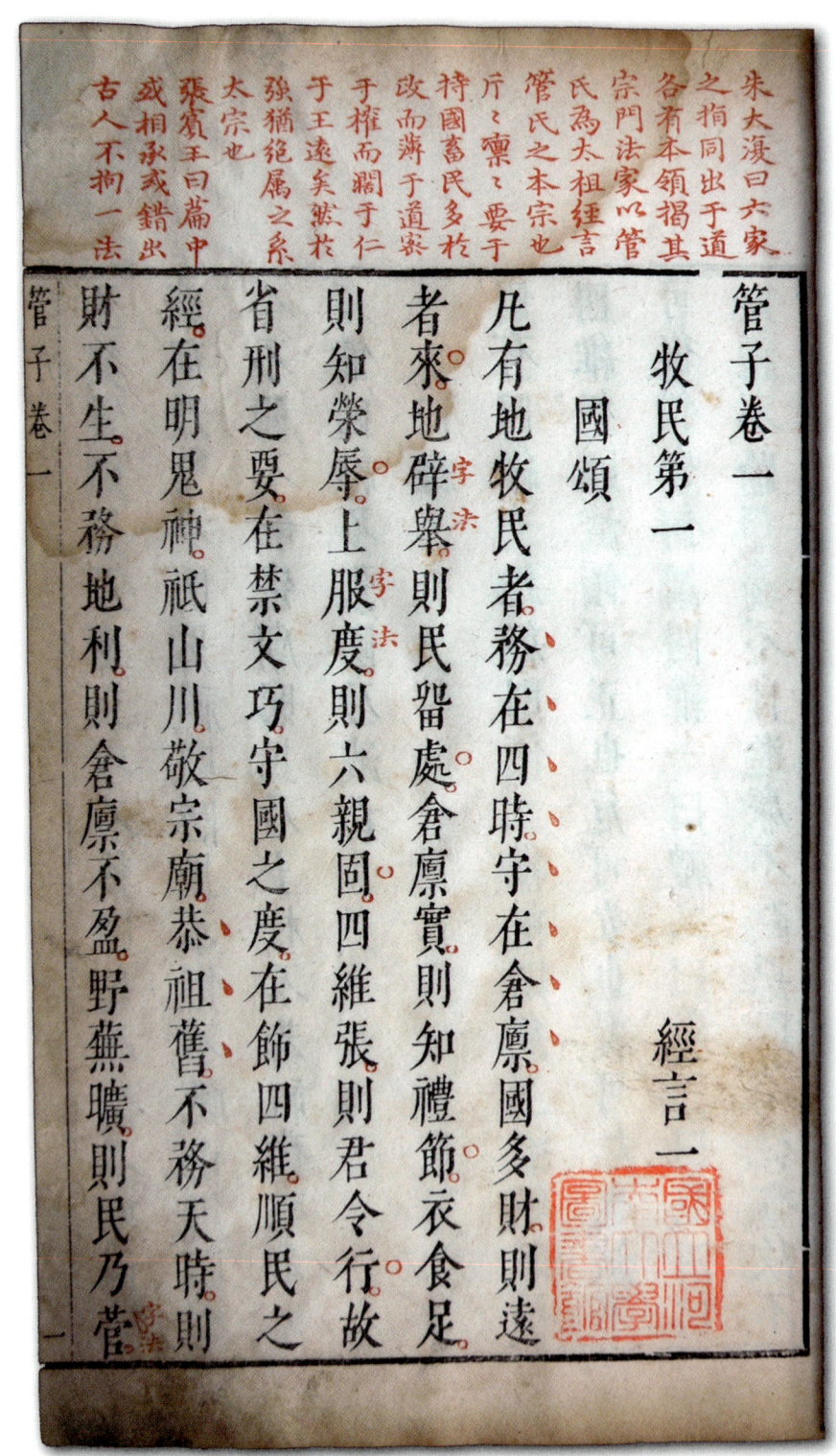

周·管仲撰，明·朱长春、明·赵用贤等评 《管子》
二十四卷
20.4cm×14.6cm

明万历四十八年（1620年）凌汝亨朱墨套印刻本。凡十册。半叶九行，行十九字。白口，白单鱼尾，四周单边。书眉刻有朱笔评语，正文朱笔圈点。收入第一批国家珍贵古籍名录。

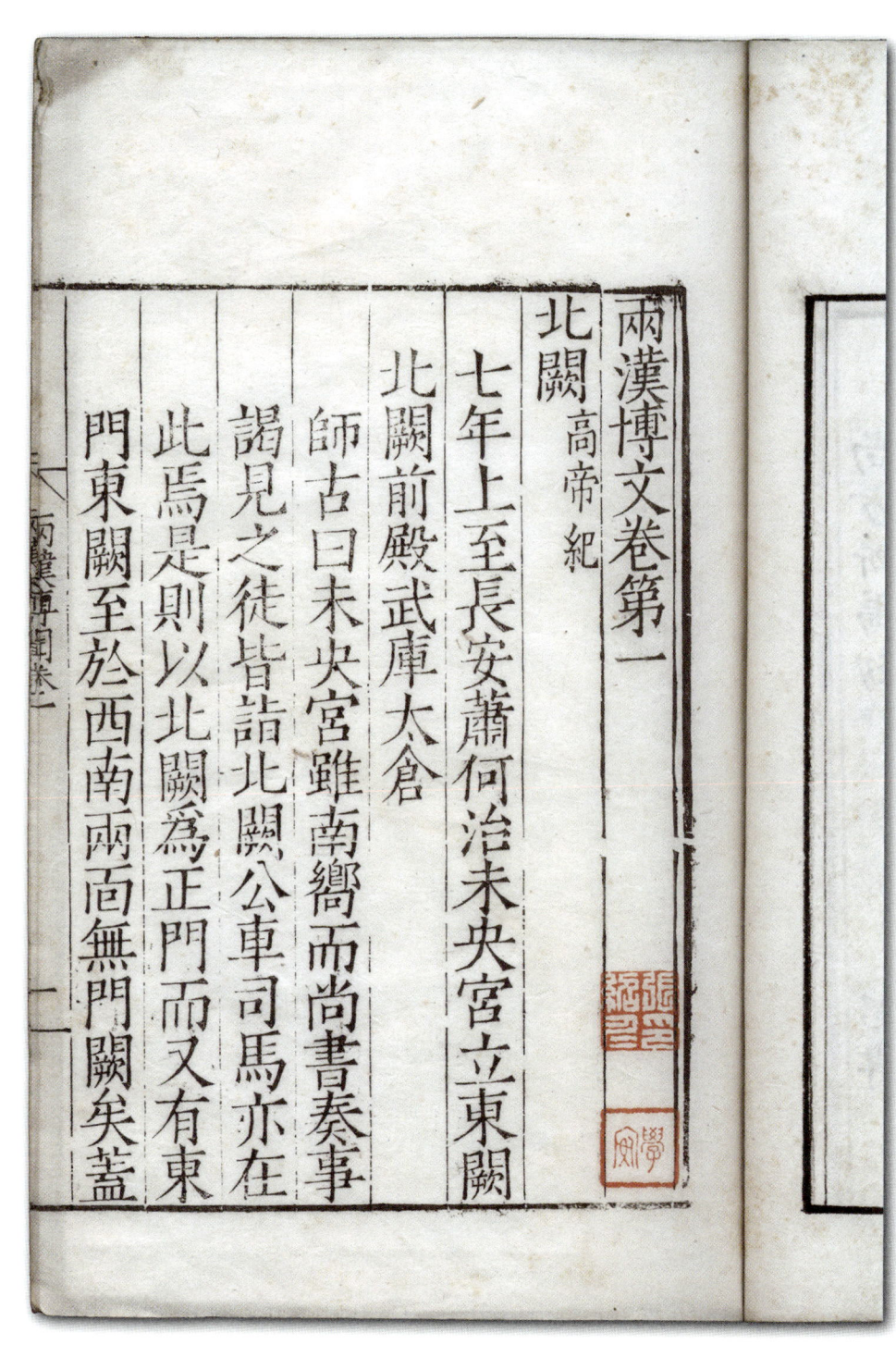

宋·杨侃辑 《两汉博闻》
十二卷
17.3cm×12.1cm

明嘉靖（1521—1566年）黄鲁曾刻本。凡六册。半叶八行，行十六字，小字双行，行二十字。白口，左右双边，白单鱼尾。收入第一批国家珍贵古籍名录。

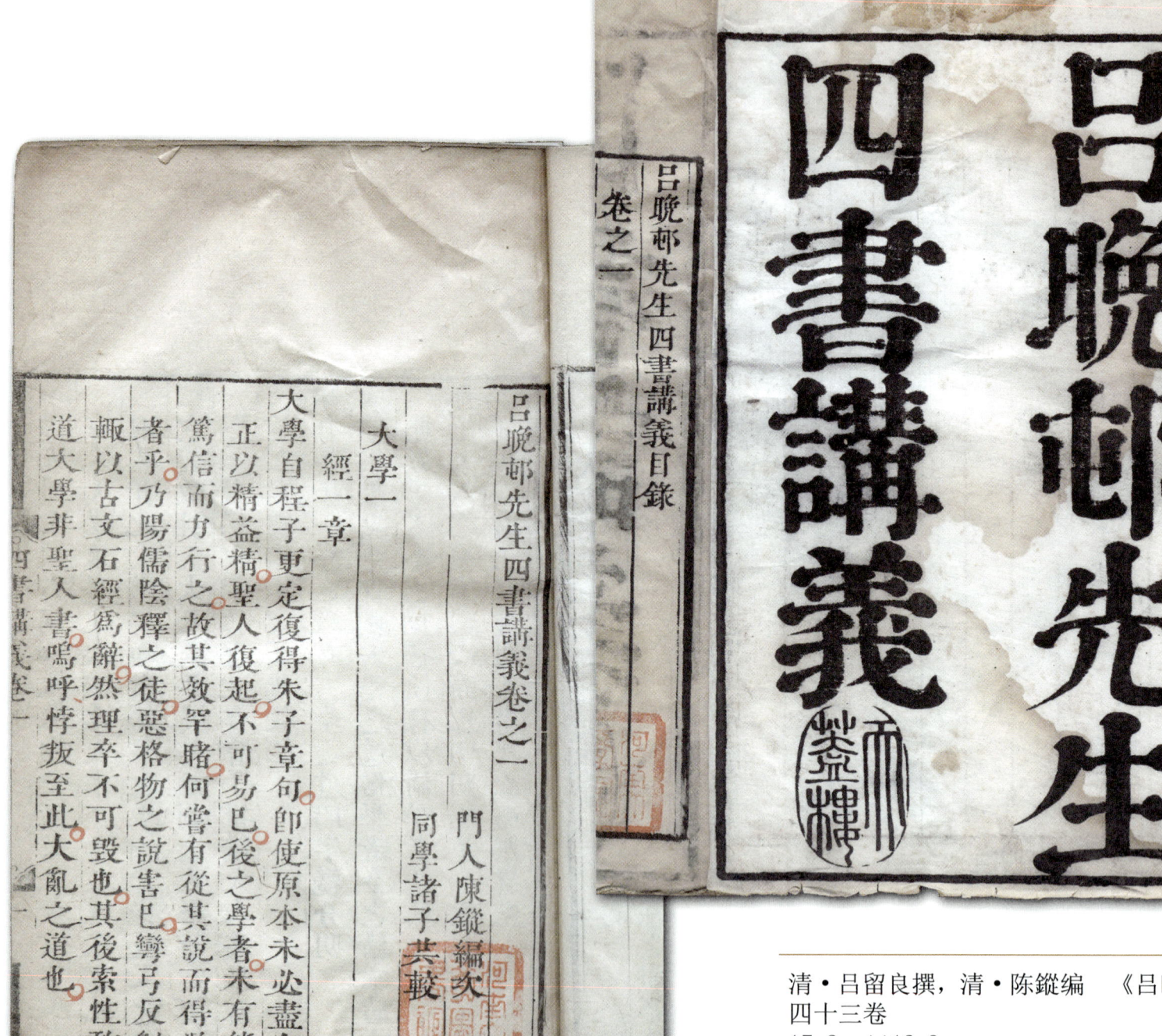

清·吕留良撰，清·陈鏦编 《吕晚邨先生四书讲义》
四十三卷
17.2cm×12.9cm

清康熙（1661—1722年）天盖楼刻本。凡十二册。半叶十一行，行二十一字，小字双行，行二十字。上下粗黑口，黑对鱼尾，左右双边。收入第一批国家珍贵古籍名录。

清·陈邦彦辑 《御定历代题画诗类》
一百二十卷
18.6 cm×12.5 cm

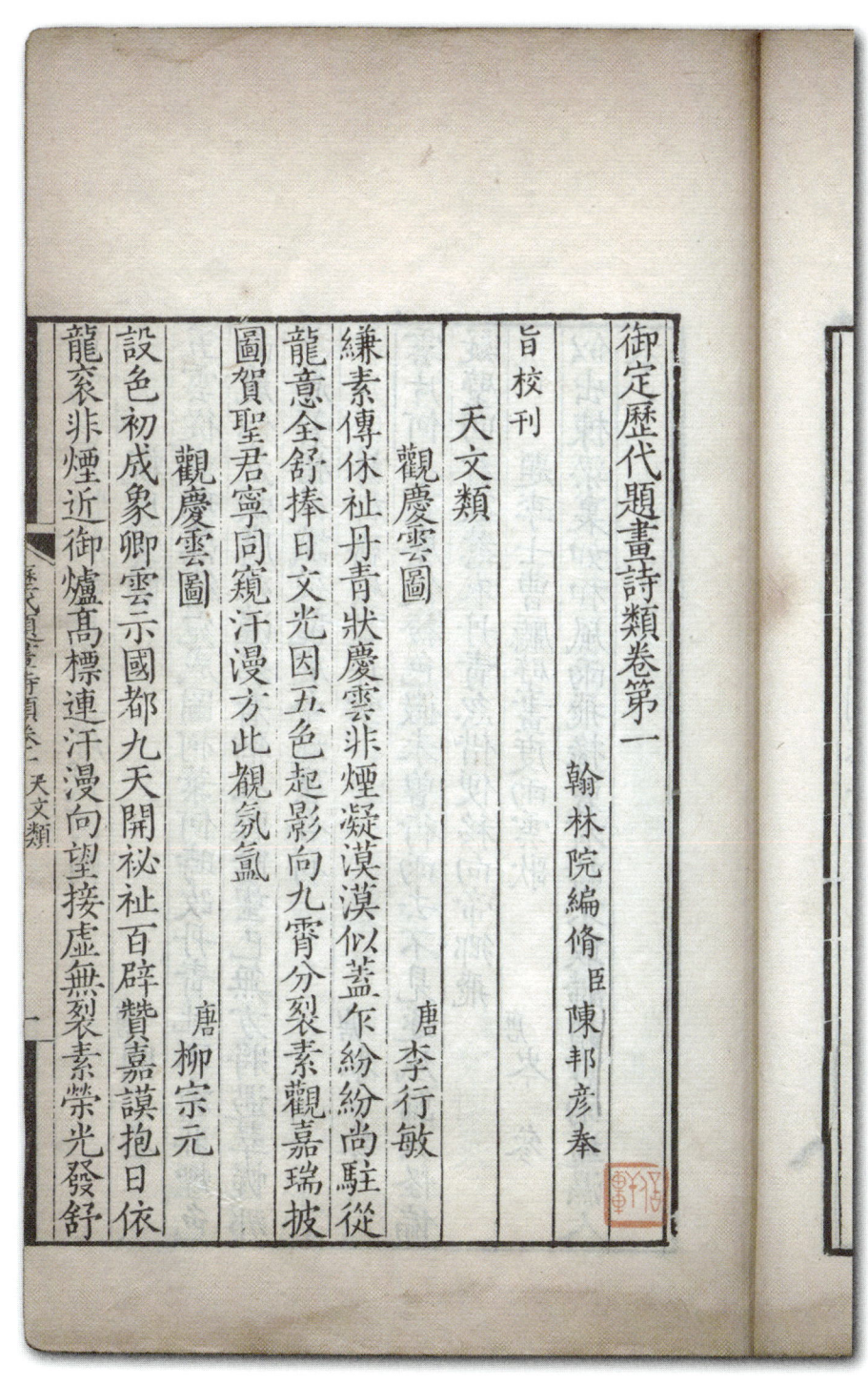

清康熙四十六年（1707年）内府刻本。凡二十四册。半叶十一行，行二十三字。黑口，黑单鱼尾，左右双边。收入第一批国家珍贵古籍名录。

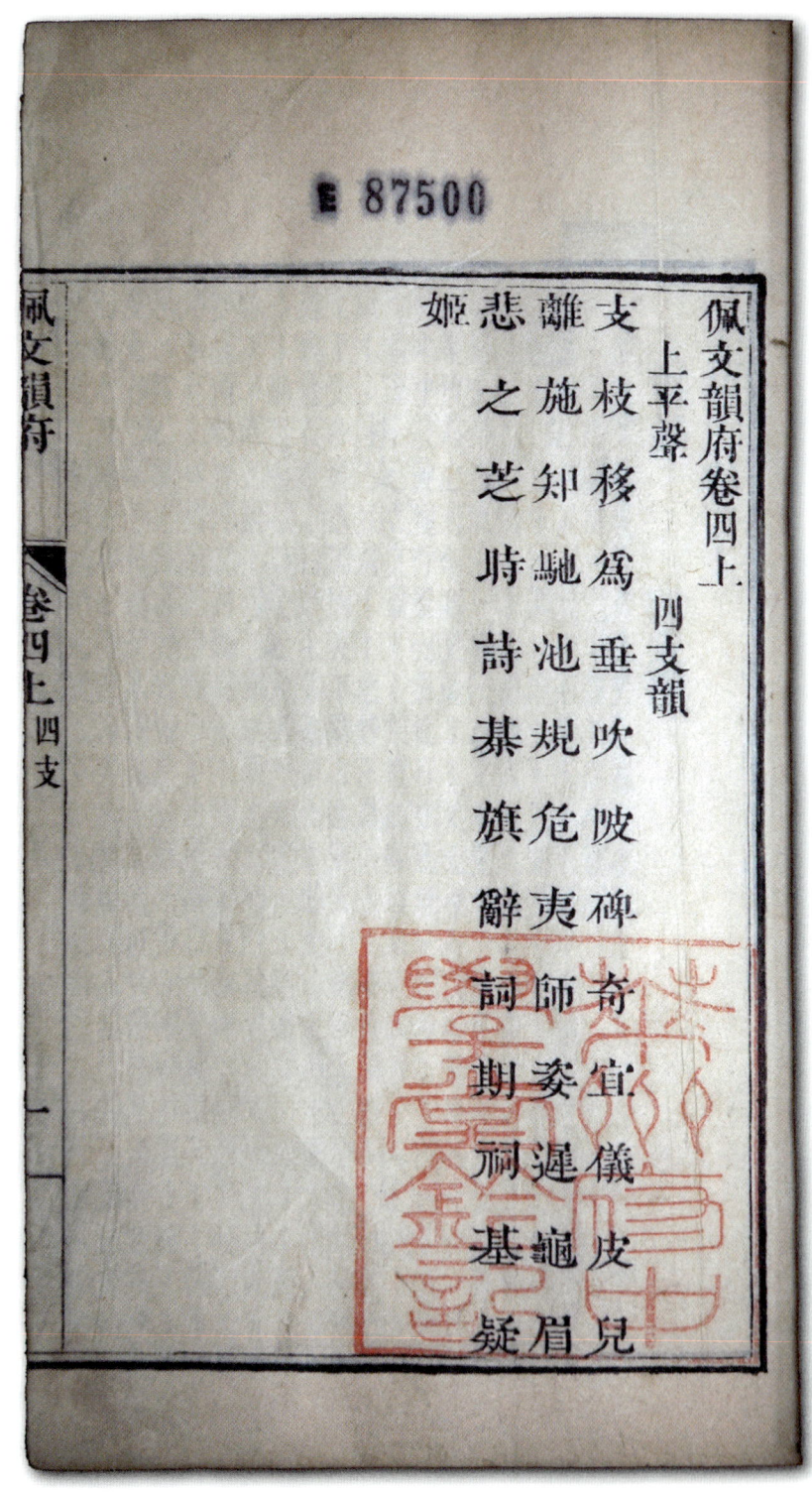

清·张玉书等纂 《佩文韵府》
一百六十卷
16.5cm×11.3cm

清康熙内府刻本。凡一百零五册。半叶十二行，行二十四字，小字双行，行二十五字。白口，四周双边。收入第一批国家珍贵古籍名录。

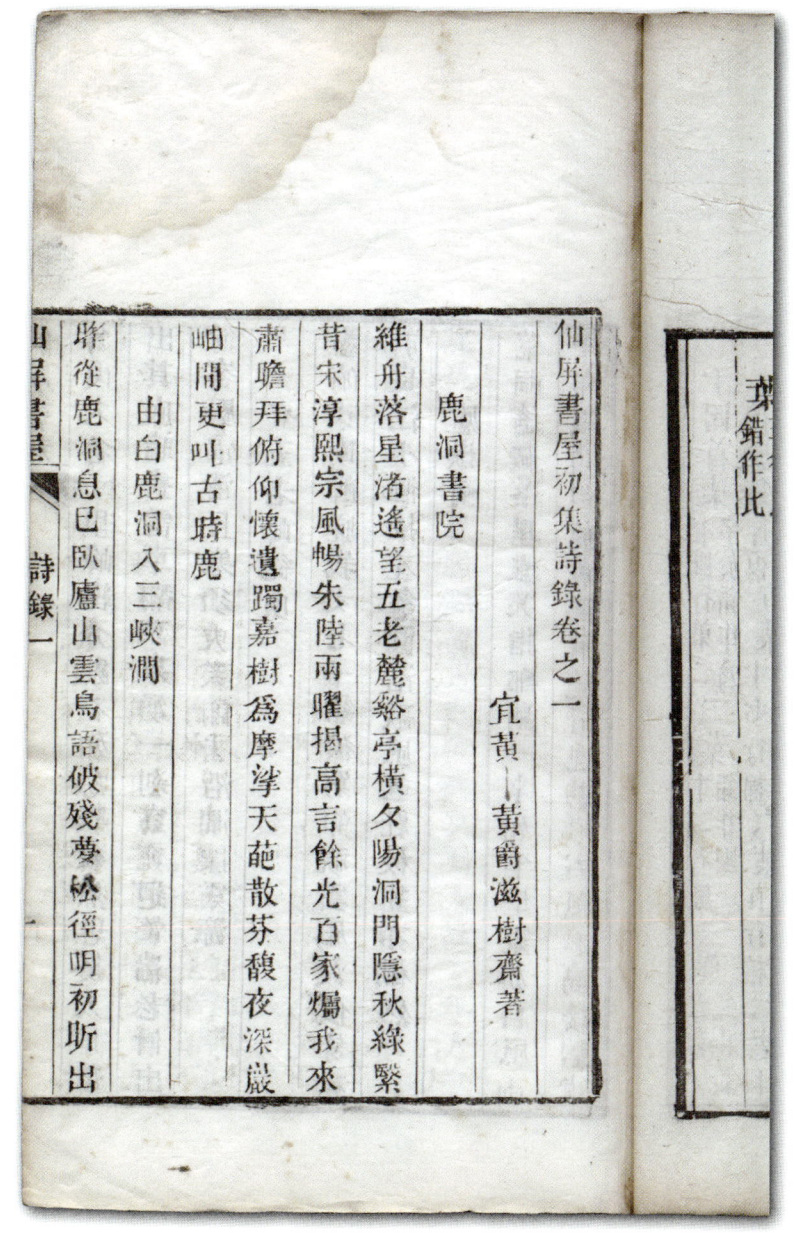
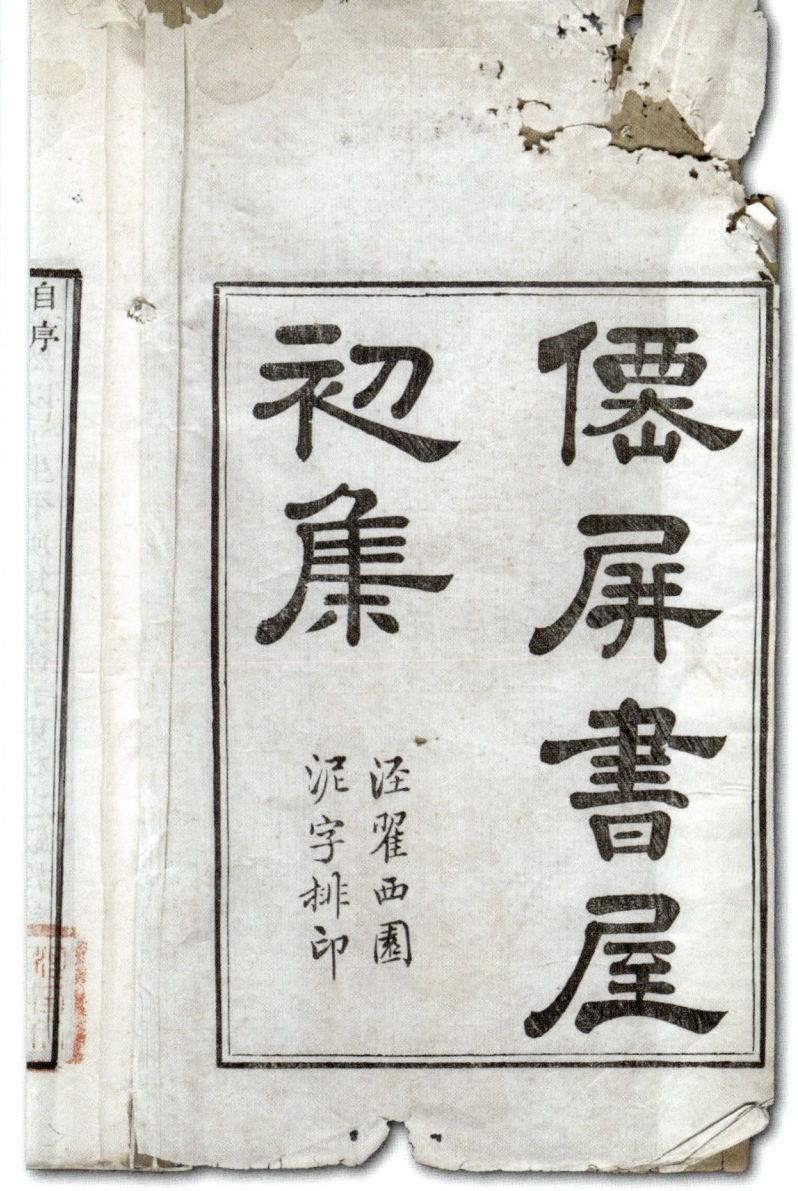

清·黄爵滋撰 《仙屏书屋初集诗录》
十六卷后录二卷
16.8cm×12.2cm

清道光翟西园泥活字印本。凡五册。半叶九行，行二十一字。白口，黑单鱼尾，左右双边。收入第一批国家珍贵古籍名录。

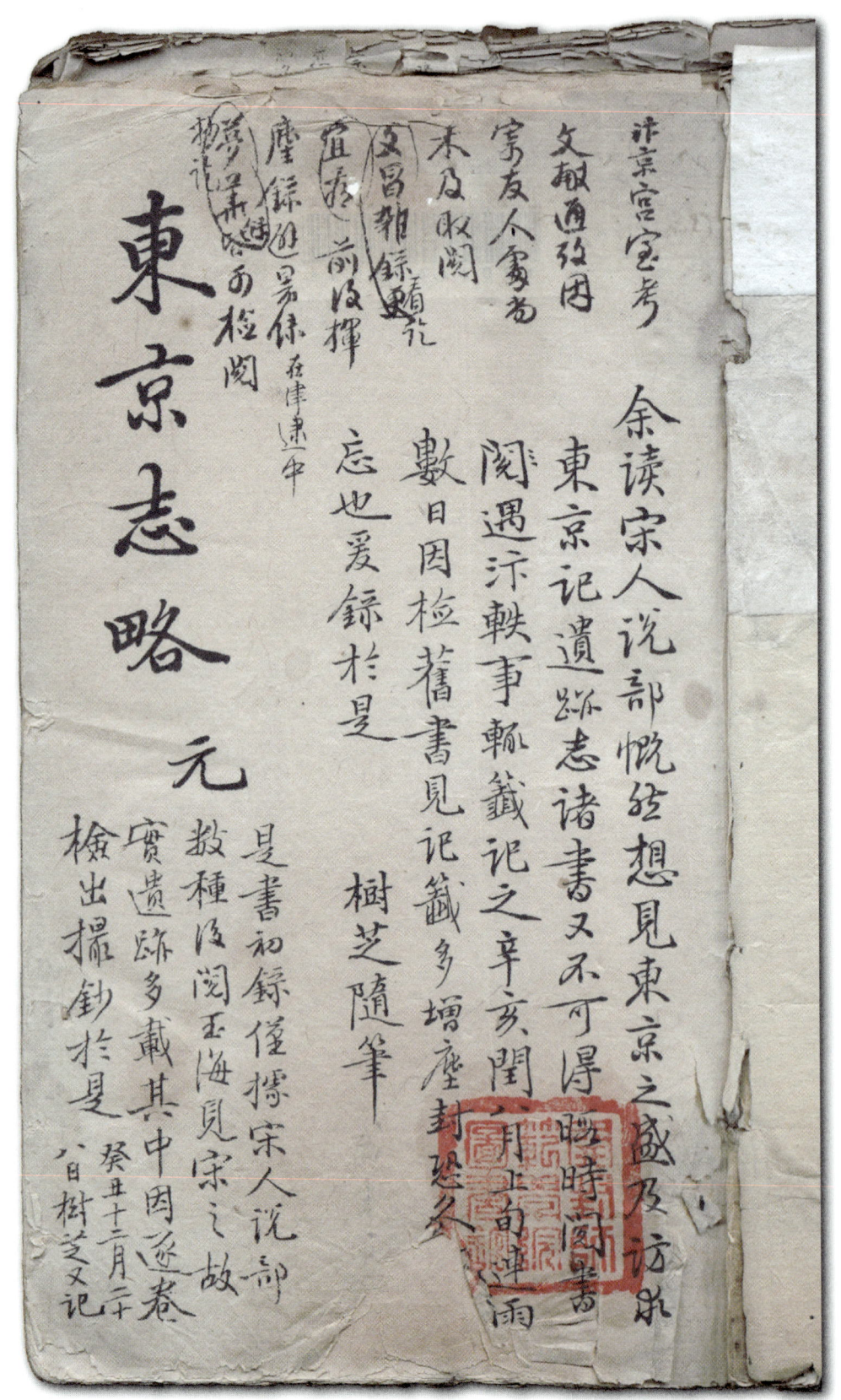

清·宋继郊辑 《东京志略》
十八帙
22cm×14.1cm

清咸丰同治年间手稿本。凡二十一册，半叶八行（间有七、九行不等），行字数不等，多为二十一字。收入第二批国家珍贵古籍名录。

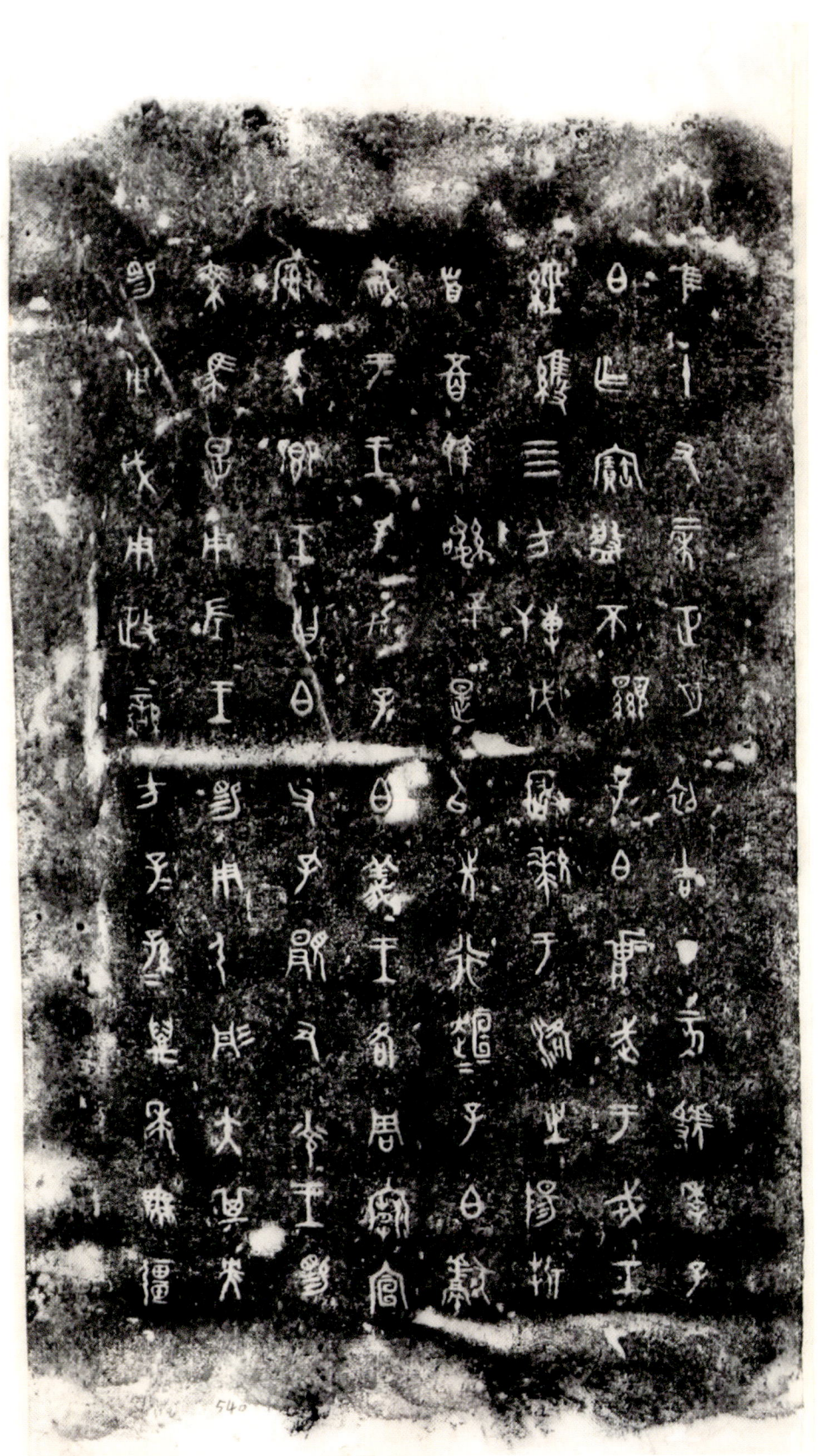

西周 《虢季子白盘》拓片
60cm×33cm

　　西周周宣王时期。金文。虢季子白盘为西周晚期青铜器，宣王（前827—前782年）时铸造，长方形，长137.2厘米，宽86.5厘米，高39.5厘米，为传世体积最大的西周时代青铜器。

西周 《毛公鼎铭文》拓片
67cm×46cm

金文。拓片钤有收藏章四枚：椭圆形阳文印"古鉴阁"，方形阴文印"秦氏金石"和"如此至宝存岂多"，方形阳文印"绚孙收藏"。

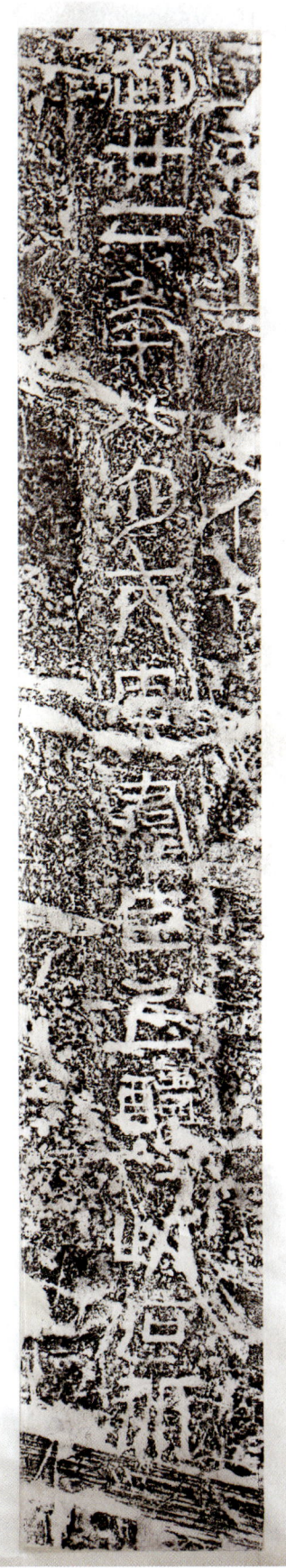

西汉 《群臣上寿刻石》拓片
130 cm×30 cm

西汉后元六年（前158年）刻，又称《赵王刻石》。篆书一行，"赵廿二年八月丙寅群臣上寿此石北"，十五字。此为现存西汉著名刻石最早者。清道光年间发现于河北永年之娄山，故又名《娄山刻石》。馆藏为道光时拓片。

东汉 《司徒袁安碑》拓片
139 cm×72 cm

东汉永元四年（92年）闰月立。篆书。碑出土地不详，明万历二十六年（1598年）被人放置于河南偃师县辛家村牛王庙内作供案。碑上下皆残，碑身中部有圆穿。书体小篆，篆书十行，因碑下残损，每行各缺一字，今为十五字，共计一百三十九字。碑文记述了袁安生平仕历。笔画方折而厚重，骨力劲拔而富有弹性，是接近秦隶风格的篆书，充分体现了汉代篆书不可抗拒地接受隶书写法影响的趋向。

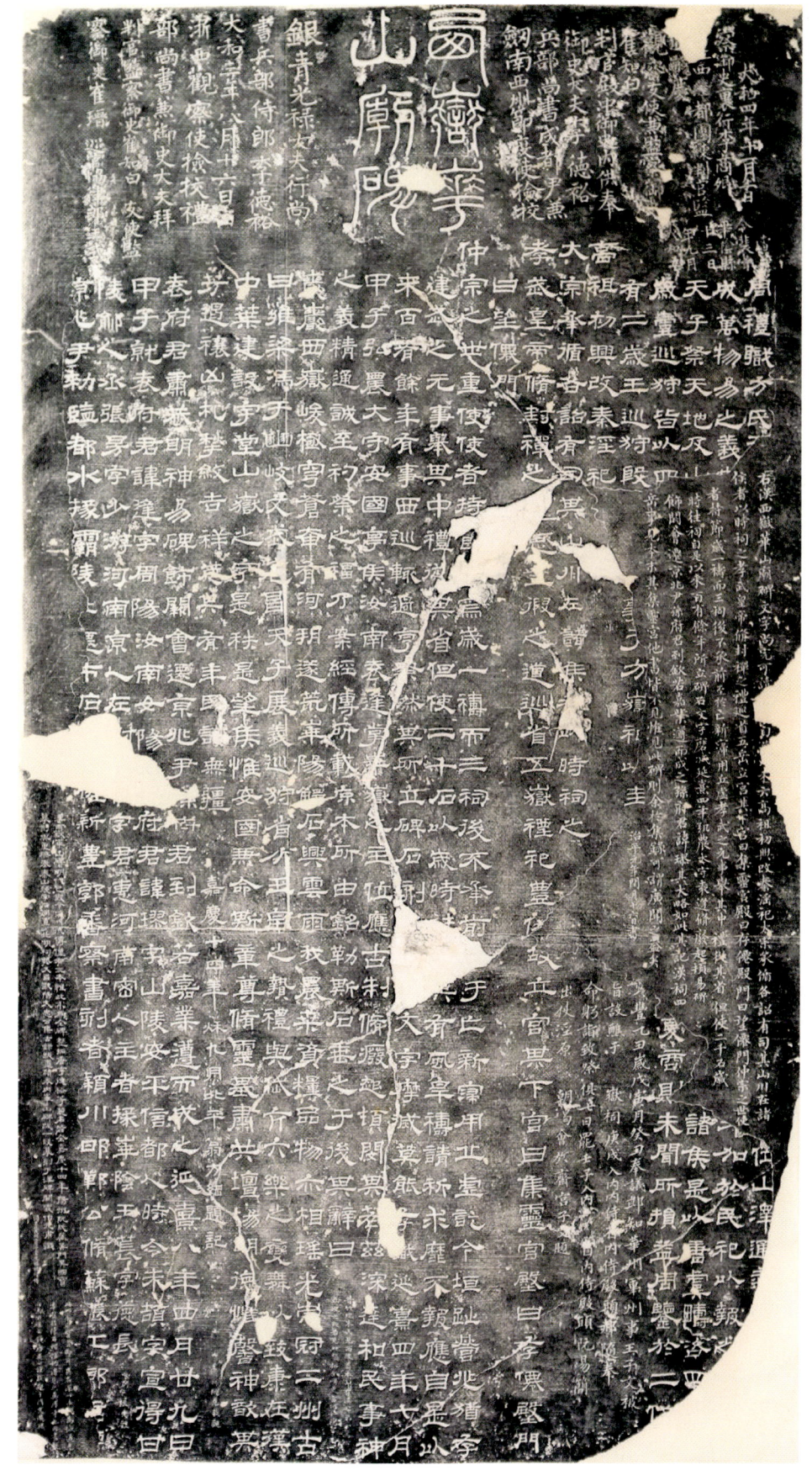

东汉 《西岳华山庙碑》拓片
174cm×94cm

东汉延熹八年（165年）四月二十九日立，一说东汉桓帝延熹四年（161年）刻。郭香察书，隶书。碑旧在华阴西岳庙，明嘉靖三十四年（1555年）关中大地震，西岳庙坍塌，碑毁。《西岳华山庙碑》笔致遒丽灵秀，丰腴醇雅，结字规正，然在整饬谨严中又极尽变化之致。

东汉 《淳于长夏承碑》拓片
193cm×92cm

又名《夏仲兖碑》，东汉建宁三年（170年）立于河北永年。隶书。碑文十四行，行三十字，有额篆书阳文"汉北海淳于长夏承碑"三行九字。原碑嘉靖二十二年（1543年）因筑城为工匠所毁，知府唐曜乃于漳川书院（紫山书院）取旧拓重刻置碑亭中。校藏拓片为明嘉靖二十四年（1545年）唐曜摹刻本。

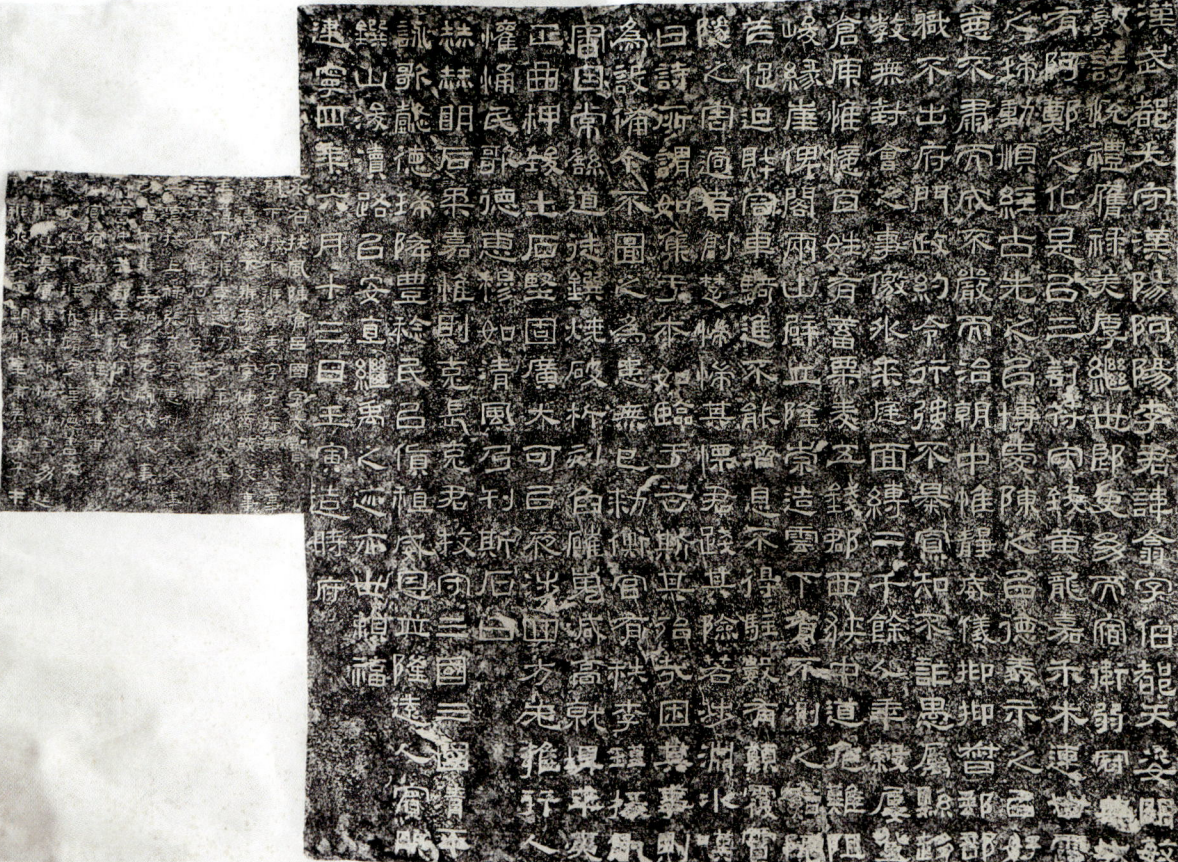

东汉 《西狭颂及五瑞图》拓片
151cm×203cm　140cm×105cm

全称为《汉武都太守汉阳阿阳李翕西狭颂》。摩崖刻石，汉代隶书。汉仇靖书文。有额、图、颂、题名四部分，篆额有"惠安西表"四字。正文右侧刻有"邑池五瑞图"，即黄龙、白鹿、嘉禾、木连理和承露人。校藏拓片一套两幅，清末拓本。

东汉 《汉循吏故闻熹长韩仁铭》拓片
160 cm×89 cm

东汉熹平四年（175年）故闻熹长韩仁卒后的墓志铭。隶书。碑文八行，行十八、十九字，共一百五十四字，右下角略有残缺。有篆额阴刻篆书十字，"汉循吏故闻熹长韩仁铭"，共两行，五字一行。校藏拓片为清末拓本。

东汉 《熹平石经》拓片
52cm×49cm

　　《熹平石经》是中国历史上最早的官定儒家经典刻石,刻于东汉灵帝熹平四年(175年)至东汉光和六年(183年),又称《太学石经》《一字石经》。因战乱毁坏,宋代以降,偶有残石出土,历代总发掘和收集四十六石。

东汉 《泗水捞鼎图》拓片
67cm×110cm

汉画像石图。原石在山东嘉祥武氏祠左石室东壁下。左边有车马出行,鼎周围有飞鸟环绕。"泗水捞鼎"是汉画像石中最广泛的历史故事题材,出于《史记·秦始皇本纪》。

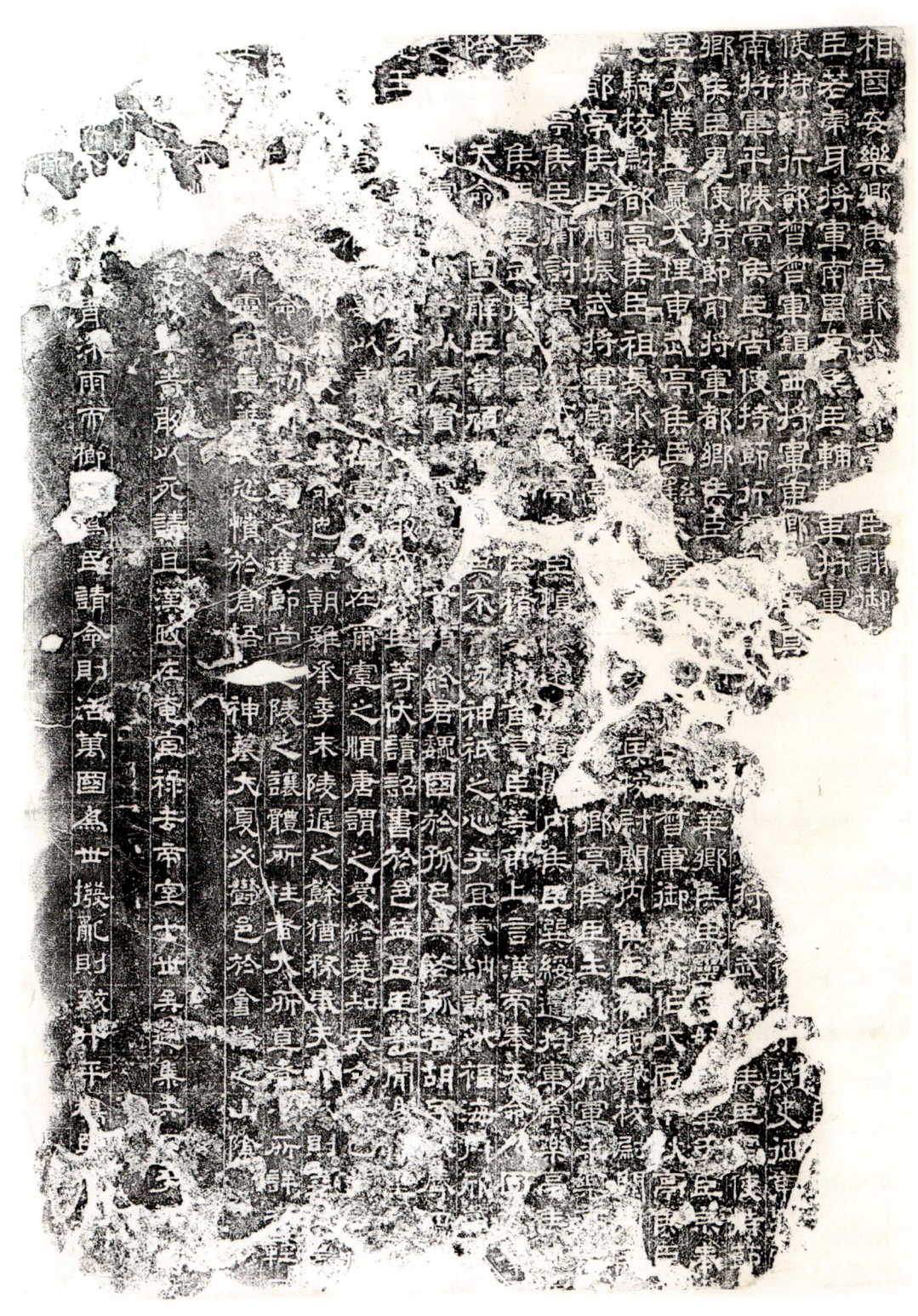

三国魏 《上尊号碑》拓片
158cm×110cm

　　此碑全称《魏公卿将军上尊号碑》，刻于曹魏黄初元年（220 年）。隶书，字体方正，苍劲雄健，近于熹平石经。相传碑文为王朗撰，梁鹄书，钟繇镌字，世称"三绝"，故人们称此碑为"三绝碑"。校藏为民国拓本。

三国魏 《受禅碑》拓片
150cm×110cm

亦称《受禅表》,刻于曹魏黄初元年(220年)。唐刘禹锡认为王朗撰文,梁鹄书丹,钟繇镌刻。校藏为民国拓本。

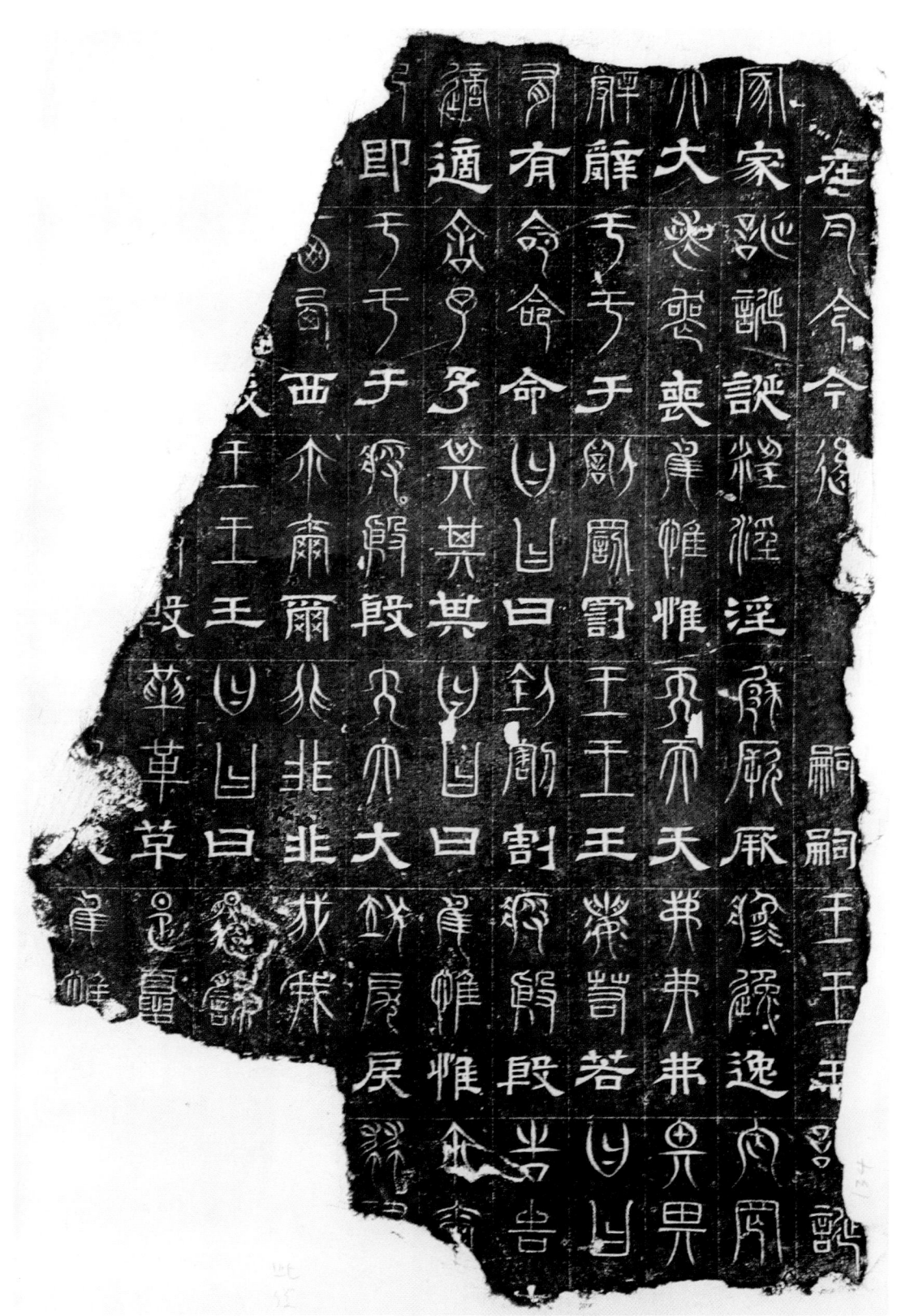

三国魏 《三体石经》拓片
55 cm×34 cm

曹魏正始年间于洛阳太学刊刻了《尚书》《春秋》《左传》，世称"正始石经""魏石经"。此刻为古文经，为便于识读，附刻篆书、隶书字样，故又称为"三体石经"。

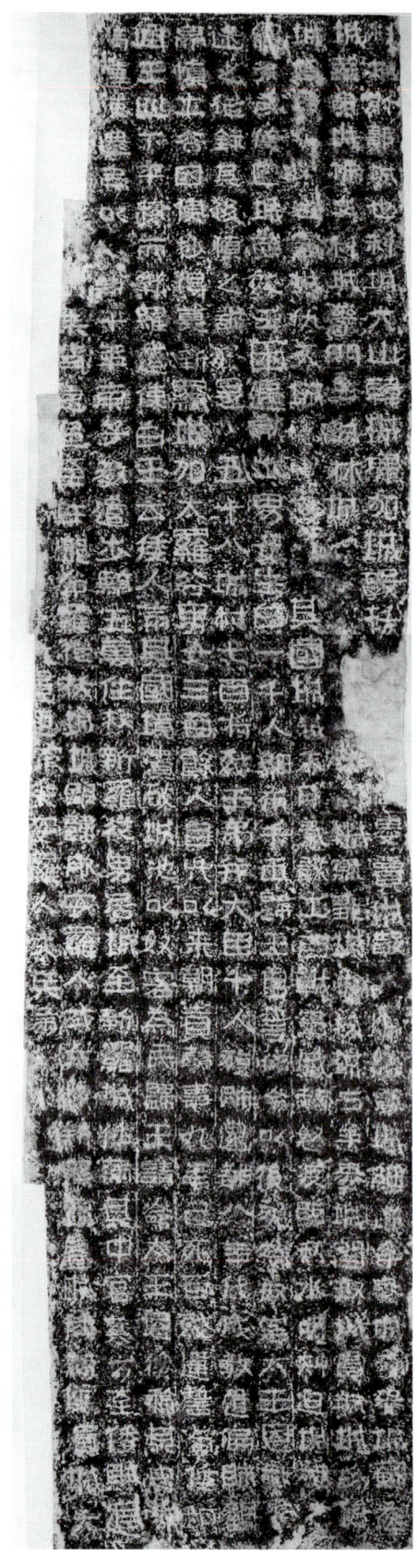
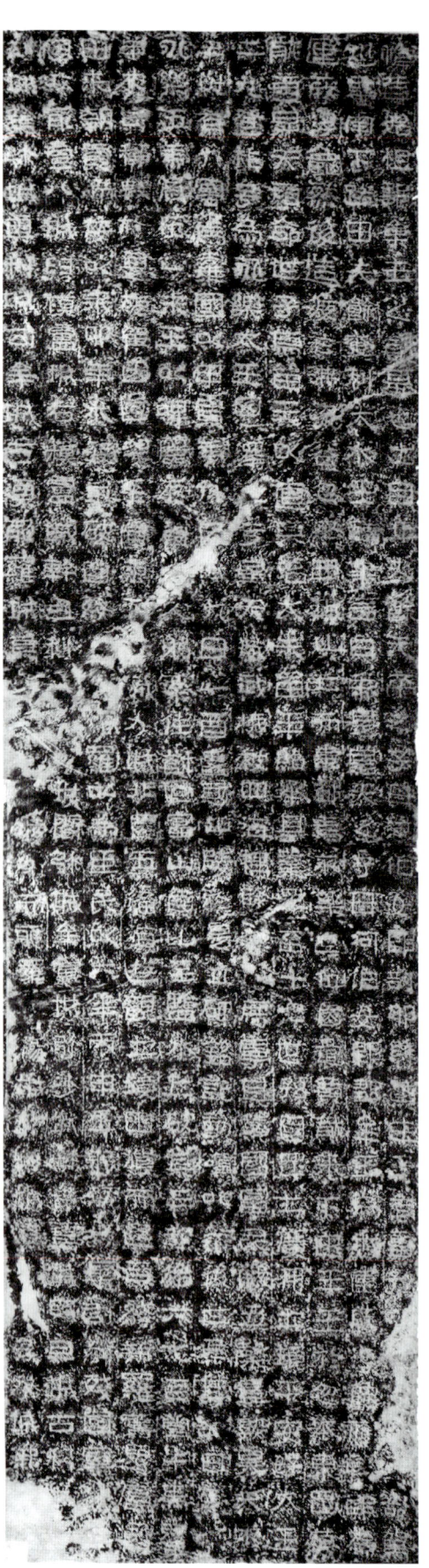

东晋 《好大王碑》拓片
553cm×148cm
546cm×132cm
558cm×179cm
548cm×122cm

全称《高丽好大王碑》，又称《广开土王境平安好大王碑》。隶书。此碑乃高句丽王朝长寿王为铭记其父永乐大王——高句丽第十九代王"冈上广开土境平安好大王"的功绩而立。校藏拓片一套四张。

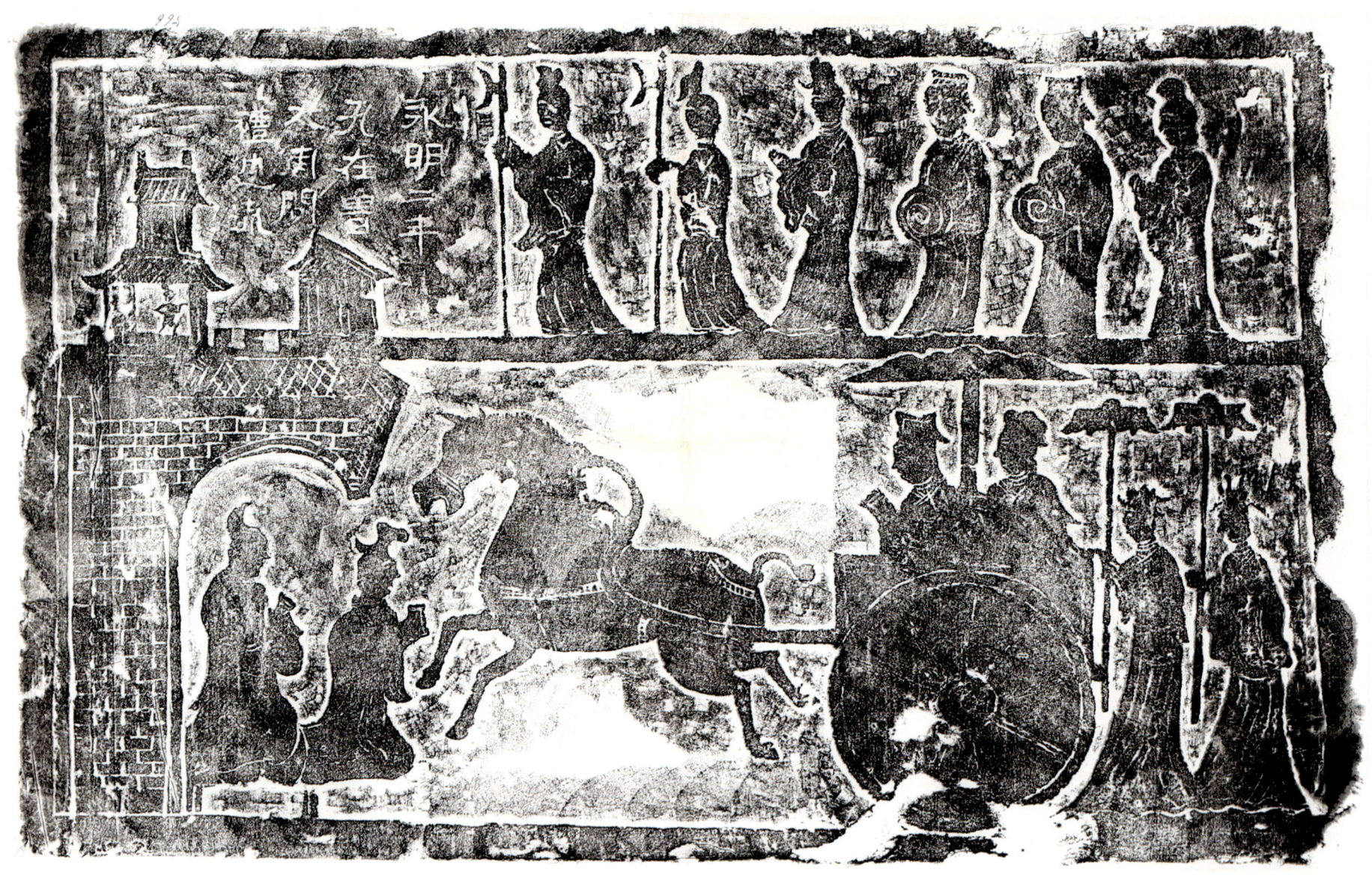

南齐 《孔子问礼图》拓片
44cm×68cm

阳刻浅凸雕,孔子坐在马车上,前有迎接,后有护送,旁有侍卫。纹饰古朴无华,人物形象浑朴敦实。

北魏 《郑文公上碑》拓片
264cm×108cm

传为北魏书法家郑道昭于永平四年（511年）撰刻。摩崖刻石，在山东平度天柱山。碑文记述了持节将军兖州刺史南阳公郑羲的生平事迹和著述。因郑羲的谥号为郑文公，故此碑的全称为《魏故中书令秘书监郑文公之碑》。校藏为清末民初拓本。

北魏 《郑文公下碑》拓片
196cm×351cm

传为郑道昭书。摩崖刻石,在山东莱州云峰山,记述荥阳郑氏家族历史及郑羲生前事略。此碑融篆势、分韵、草情于一体,方圆兼用,正欹并行,刚劲姿媚,气魄雄伟,为著名书法家包世臣、叶昌炽、康有为等所推重。校藏为清末民初拓本。

唐 《泉男生墓志铭》拓片
190 cm×95 cm

唐代调露元年刻。王德贞撰文,欧阳通书。楷书。该墓志铭小楷点画工整精妙,笔力遒劲流畅,自成风骨。

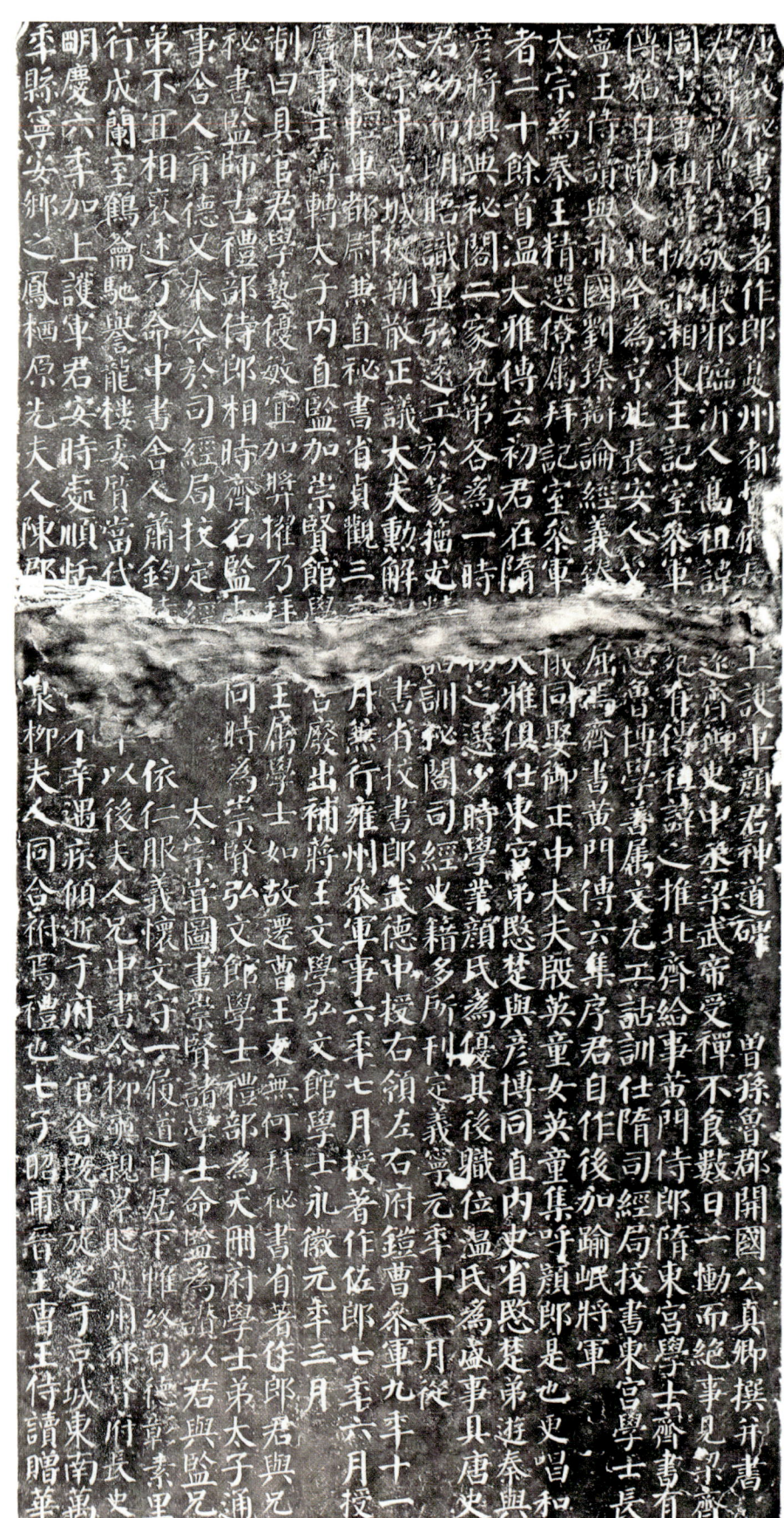

唐 《颜勤礼神道碑》拓片
177 cm×21 cm
180 cm×86 cm
180 cm×88 cm
57 cm×25 cm

楷书。颜真卿撰并书。是颜真卿书法最为成熟时期的佳作之一，其结构具有端庄豁达、舒展开朗、动静结合、巧拙相生、雍容大方之特点。校藏拓片为民国时期拓印。一套四张，勤礼碑三张，民国宋伯鲁跋一张。

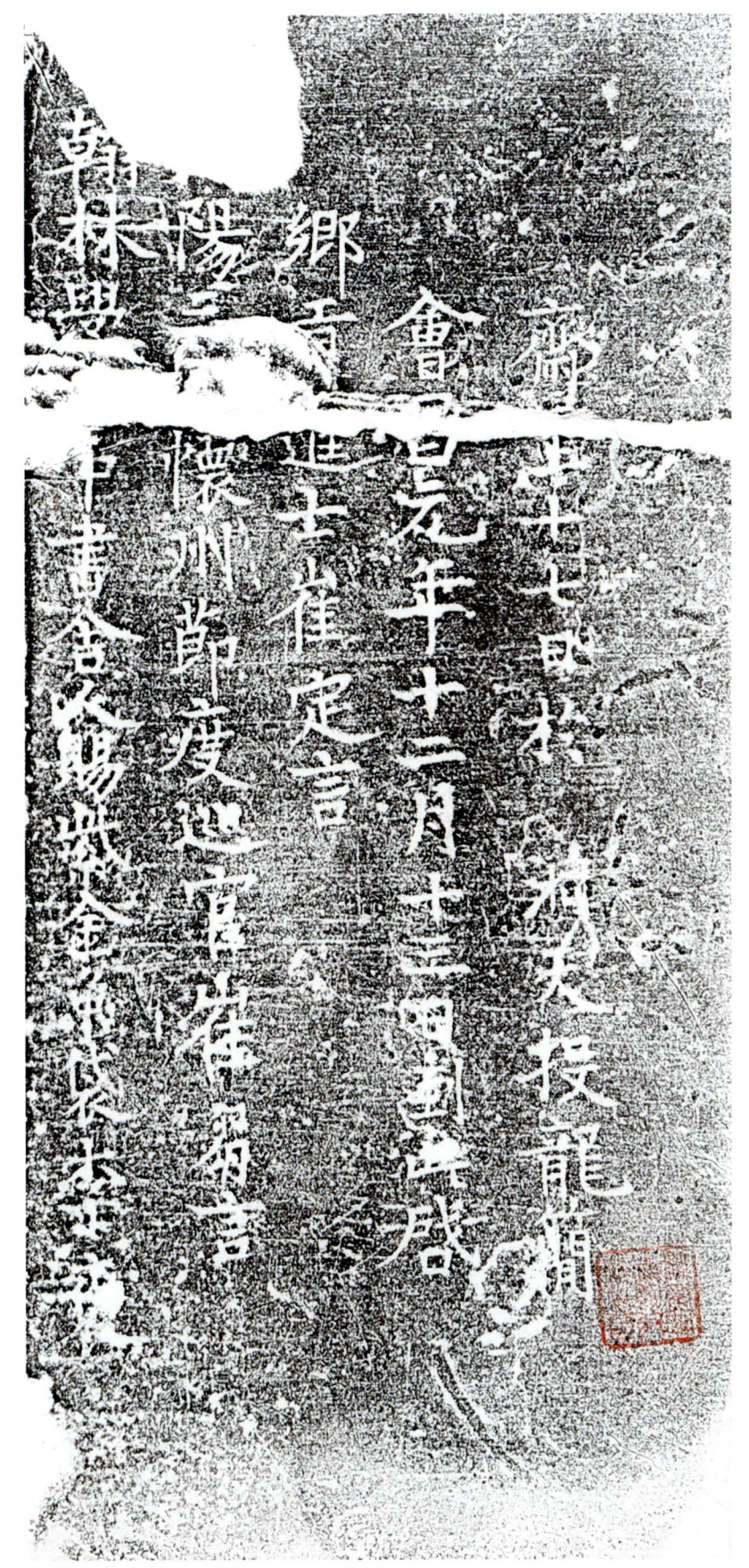

唐 《投龙简残片》拓片
45 cm×25 cm

楷书。投龙简,是道教斋醮仪式中的一个环节。封建帝王在举行黄箓大斋、金箓大斋之后,为酬谢天地水三官神灵,把写有祈请者消罪愿望的文简和玉璧、金龙、金钮用青丝捆扎起来,山简投于灵山洞府奏告天官上元,土简埋于地以告地官中元,水简投于潭洞水府以告水官下元,祈求神灵保佑国泰民安。

元 《周武王封比干墓铜盘铭》拓片
111cm×56cm

周代比干的墓志铭,传为周武王题写。篆书。校藏拓片右边楷书小字"周武王封比干墓铜盘铭",左边楷书小字"卫辉府学正王公悦临摹",为元延祐间卫辉路学正王公悦摹刻上石。

瑰宝荟萃

双耳罐　马家窑文化
高 41 cm　口径 16.5 cm

小口卷沿，双耳，鼓腹小平底。器形丰满，泥质红陶绘黑红彩花纹。器表经细致打磨，光滑明亮。

青玉斧　龙山二里头文化
长 13 cm　宽 11 cm

方形，抹角，双面刃，上部中央有一圆孔。器呈青色，表面多凹形米粒大斑点。半透明，南阳独山杂色玉。

青玉铲　二里岗文化时代
长 22 cm　宽 11 cm

　　上窄下宽,顶部和底部弧形,周边均磨成双面刃,近顶部正中有一双面钻圆孔。

玉戚　商
长 10 cm　宽 5 cm

白色褐沁，体扁平，双面刃。靠近顶部有一单面管钻孔，腰两边各有外凸如锯齿的脊牙五个。

青玉璧 商
直径 24 cm 内径 6 cm

扁平圆环状，素面，青色泛黄，面背多处不规则褐沁处有裂纹。外缘圆而不密，面背厚薄不匀。透明，杂色南阳玉。

空锥足斝　商
高 31.5cm　口径 18cm

口侈大，颈长狭。颈腹分段铸造，鼓腹，平底下微鼓，下承三棱空锥足。颈、腹均饰饕餮纹，饕餮纹上下饰连珠纹。

父乙青铜鼎　商
高 20 cm　口径 18.5 cm

平唇，上有两立耳，颈饰两条弦纹，其余素面。腹部斜向下鼓出，下承三柱足，柱上部微粗。

父乙簋　商
高 16.5 cm　口径 22 cm

侈口，厚唇，口沿有内棱，无盖；龙首双耳，有垂珥，双耳低于口部；鼓腹，高圈足。颈两侧各饰一羊首。簋内地阴铭"父乙"。

饕餮纹铜觚　商代晚期
高 23.5 cm　口径 14 cm

　　喇叭口，细颈，圈足。箍上身部饰四组蕉叶纹，箍部饰二组饕餮纹，飞棱二；箍下身部有十字镂空孔二；喇叭形圈足，云雷底纹上饰四组夔纹。

圈足瓿　西周
高 13 cm　口径 13.7 cm

敛口，斜肩，圈足。颈部饰两条弦纹，身部以云雷纹为地，肩饰共目夔纹，腹饰T形纹，足饰简化云雷纹。口和底径相等，上下对称。

兽面马冠　西周
长 22.2cm 宽 20.8cm

　　整器成扇面形，大兽面，卷眉大眼、大宽鼻、眼珠透孔。左右两边上下各有两对小穿孔。

白玉璜　西周
长 12.5cm

半圆弧形，正中偏上有一小穿孔。外缘两边各有三飞棱，内缘两边各有两飞棱。透明。

铜爵 西周
高 20 cm 长 18 cm

　　圆底、高杯。流厚，尾宽，皆上翘。杯体长壁较直，下承三棱锥足，外侈，腹饰饕餮纹。

谷纹青玉剑柄首饰　战国
径 4.3 cm

扁圆形，正面半径二分之一处有一圆形凹槽。外缘正面大，背面小，近中心处有两斜孔于器内相连，可系剑柄。玉质为河南密县玉。

青玉兽面纹剑鞘饰　战国
长 5cm　宽 5.5cm

　　正面呈中部略收的梯形，两面纹饰相同，俯视两端呈橄榄形，略窄的一端有三个圆孔相连。岫玉，青色，有褐沁。

青玉龙形佩　战国
长 12 cm

整体呈半圆连体双龙状，龙头分于两边，龙身饰蚕纹，上部正中近边处有小穿孔。器体透雕，两面纹饰相同，下部有褐沁。

白玉兽面谷纹剑鞘饰　汉
长 9.5cm 宽 3cm

　　白玉，长方形，外缘两长边阴刻弦纹，内饰谷纹，下部饰兽头纹，侧视上部成拱形，下部一侧有一长方形穿孔。

汉大布黄千铜母钱范　新莽
长 9.1cm　宽 7.4cm

范体呈侈口、四边倒角的长方形浅槽状，内底面排列布币正反模样。

观音鎏金像　北朝
高 9.2cm　宽 2cm

一观音携二菩萨像。观音面方圆，戴高宝冠，手施无畏、与愿印，赤足立于覆莲台上。左胁侍菩萨束髻，裸上身，披长巾，双手合十，赤足立于插花莲台上。右胁侍菩萨与左同。

唐白釉双螭柄壶　唐
高 53 cm

洗形口，细长束颈，圆腹，假圈足。颈上饰三道凸弦纹，其下周围有六个心形贴花。对称的双螭自肩上伸至口沿成柄。

绞胎三足瓷盘　北宋
高 5 cm　口径 23.3 cm

平板沿，浅弧壁，下接蹄足。盘体为白色与褐色胎泥相绞而成，盘心规则分布七朵绞胎团花。盘体上透明黄釉色。

唐三彩镇墓兽 唐
高 63 cm

人面兽身，蹲坐于马蹄形束腰台座上。头顶竖角，两侧有宽大兽耳，胸侧生翼，四肢牛蹄。身部色彩为黄绿白。

唐三彩梁冠文吏俑　唐
高 75 cm

　　唐代文官形象。头戴梁冠，身着大袖绿袍，下着白裳，足着绿色翘靴。面带微笑，双手拱于胸前，立于半圆形台座上。

唐三彩天王俑　唐
高 80 cm

　　唐代武官形象。头戴盔，身着绿釉甲，下缚护膝，足着尖靴。竖眉鼓眼，怒目而视，双足踏卧牛台座上。

唐三彩鸳鸯壶　唐中期
高 27 cm

　　鸳鸯昂首，体肥，卧于方形抹角小台上。通体饰黄色卷羽纹，翅部呈绿、白、黄三色。背部上覆葵花形盖。

唐三彩罍式罐　唐
高 18 cm　口径 12 cm

唇口外翻，短口，圆肩，鼓腹，平底。口沿部施黄釉，肩腹部白釉为地，再施不规则菱形绿釉，菱形内为白釉五朵花形。

宋钧窑鸡心罐　宋
高 8 cm　口径 7 cm

圆唇，口微敛，溜肩，垂腹，圈足。施天青泛灰釉，釉裹足。

西夏文印章
边长 9 cm

略呈正方形，钮下有一孔用以系扎。印文为西夏文，铭"首领"。

釉里红缠枝花卉纹罗汉式碗　元
高 10.3 cm　口径 25 cm

大口，直壁，大圈足。胎体洁白，施乳白色釉，釉下红彩作画。周身饰缠枝牡丹纹，内腹壁绘牡丹、葡萄、茶花、石榴等四时折枝花，碗心绘一枝盛开的牡丹。

青花花鸟葫芦瓶　明
高 32cm

　　葫芦形，平底。双腹皆绘松、竹、梅花和飞鸟，颈绘梅花。整体造型挺拔秀丽，比例适当，线条流畅。青花色调淡雅，为国产青料。

明德化窑白观音像　明
高 24 cm

观音神态安详，身着宽袖长袍，手持佛珠一串，袖旁有经卷三册，左腿平屈于臀下，右脚踩花石座。胎质细腻洁白，白釉纯厚，质感强烈。

宝月瓶　清
高 50 cm

直颈口，附双云形耳，扁腹，形如满月。腹心凸出，绕以一周浮雕如意云纹。通体仿哥窑工艺，厚釉。

乾隆青花扁壶　清
高 25 cm

圈方足，象鼻耳，圆腹扁形，侈口。腹部纹饰分两部分：中心桃形区域内饰折枝石榴纹和两只蝙蝠，寓意多子多福；外饰一圈缠枝莲纹。

霁红小盘　清
高 4 cm　口径 16 cm

浅盘，弧壁，圈足。口沿和圈足内部施白釉，其他均为红釉。红釉上有棕眼，故有吸光效果，俗谓"橘皮红"。

黄地紫绿云龙鹤盘　清
高 2.7 cm　口径 14.5 cm

　　浅盘，敞口，斜弧壁。盘内刻绘五爪紫、绿龙各一，相向戏一珠。外壁对称刻绘四组云纹和飞鹤纹。足底心楷书"大清同治年制"黑字二行款，无圈。

黄地绿彩刻花碗　清
高 6 cm　口径 11.3 cm

直口，直壁下腹弧收，平底，圈足。周身施黄色透明釉，外刻花涂绿彩，内绘一条五爪绿龙，外刻绘八枝折枝桃。圈足内有黑色双圈年款"大清康熙年制"，碗整体上釉薄而均匀，应为吹釉法上釉。

康熙读书图圆形剔红盒　清
高 7.5cm 直径 18.5cm

　　圆形，外红内黑，有盖有底。盖上刻山水、树木、房屋及四人物。底、盖圆周表面为三重小六边形花纹。

后 记

　　档案以其所具有的原始性、凭证性和继承性，在传承历史、推动文化进步中具有非常重要的作用。多年来，档案馆一直想通过整理、展示我校档案藏品的方式，彰显我校悠久的历史和深厚的文化底蕴。齐彦波馆长换岗之前带领大家进行初步筛选，曾编选了一本《河南大学馆藏档案珍品集》。我校110周年校庆筹备工作开始实施之际，档案馆申报了正式出版这一珍品集的选题。校长办公会在研究审议校庆筹备工作方案时，孙功奇副校长等领导提议，不仅要展示学校的档案，还要将书画、图书、文物等筛选一部分，一并展示给大家。这一提议获得校长办公会的批准，并且校党委在《河南大学110周年校庆筹备工作实施方案》的通知中，明确提出要出版《河南大学馆藏珍品集》。

　　档案馆牵头，与美术学院、图书馆、历史文化学院沟通后，成立了编选工作组，经过多轮筛选，并邀请校内有关方面的专家，组成专家组，多次讨论和审核把关，最终遴选出馆藏档案52件、名人书画作品42件、图书及拓片37件、文物37件共168件藏品正式出版。其中，"兰台遗珍"部分的文字说明由王学春执笔；"丹青溢彩"部分的文字说明由李韬执笔，史正浩参与了前期书画筛选工作；"册府英华"部分的文字说明由朱腾云执笔；"瑰宝荟萃"部分的文字说明由吴爱琴执笔。王守中负责全书的统稿工作。

　　许绍康副校长和冯淑霞副校长始终甚为关心本书的出版，许校长并且在百忙中写了序言；出版社杨国安总编不仅专门主持召开了编审工作会议，还对本书的内容、版式等给出具体意见；责编纪庆芳、美编马龙的认真负责态度和工作作风更是让我们甚为敬佩。在此一并致谢！

　　历经110年的栉风沐雨，如今的河南大学已经叶茂根深。我们这里所采撷的仅仅是很小一部分，而且筛选得也未必完全适当，还望诸位方家不吝赐教。当然，学校的各个学院、部门，各位老师以及老师的家属等，手中也保存了更多的珍贵藏品，有待后续再深入挖掘了。